面倒くさがりの自分を認めたら

部屋がもっとキレイになりました

三日坊主の後回し虫退治術

わたなべぽん

子供の頃から
〝片付け〟
〝そうじ〟が
大の苦手
だった私…
マンガ家
ほとんど主婦
わたなべぽん
そんな私の住まいは
やっぱり
汚部屋
でした
ごちゃ…
ま
ゴミや
ホコリで
人間死にゃ
しないしね
でも数年前
ある心境の変化を
きっかけに片付けに
目覚め
私って
もしかしたら
はっ
心のスキマや
自分のダメな
部分を
もので埋めようと
していたのかも
しれない…
料理上手といわれたい
今度こそ英会話
詳しくは
『ダメな自分を
認めたら部屋が
キレイに
なりました』を
どうぞ!
それまで見て見ぬ
ふりをしていた
心の奥と
向き合い
自分なりの
片付けのコツなど
探り探り
数カ月後…
ものに頼らず
いちから始めて
みよう!
ゴミ
やや
やった…
フル
フル
信じ
られないっ
汚部屋
卒業だぁ〜〜〜!!
うは〜
広いテーブル
気持ちいい

こんなにスッキリした部屋で暮らせるなんて
独身時代ぶりだよ～!
一人暮らしのときキレイ部屋に住んでいた
う～嬉しすぎて泣けてくる～
ものを増やさないで暮らすコツや
片付けのコツをバッチリつかんだからもう大丈夫!
まかせて!
これからはずっとキレイな部屋で暮らしていこうね!
キャ～
たのもし～い♥
なんて大見得をきった数カ月後
部屋は一応キレイに見えた…
あとはあっためるだけ～
は～
夕食の準備も済んだし
お茶でも飲もうかな
ありゃ
マグカップがない…
おっとシンクにたまってたか
洗って使おう…
ジャ～
ん?
水の流れが悪いなぁ
つまってんのかな?
ゴポッ
ゴポッ
パカッ
排水口カバー
ギャ～
ゾゾゾ
ゴミ受けに食べカスとドロドロがつまってる!
衝撃的すぎてお見せできません
ひ～
きちゃな～いっ
ポタポタ

ひ～～っ
生ゴミはこまめに捨ててたけど
ゴミ受けはしばらくほったらかしだったもんな
ゴシゴシ
ん？
パタッ
このダンボールもそろそろゴミに出さなきゃな
ずるずる
そういえばゴミもけっこうたまってきたから捨てなきゃ
ん？
Amazon
あ…あれ？なんだかよく見たらうちって…
キョロキョロ
〝そろそろやらなきゃ〟がいっぱいあるんですけど…
ついほっといてしまう水まわり
使ったものがシンクにたまっていく
その内確認しなきゃ！のDM
たまってきた紙ゴミ
ゴミ箱のゴミもそろそろまとめて捨てなきゃ
なぜかソファーまわりにたまるバッグ
夜までにたたもうと思ってた洗濯物
——もしかしてこれって
ゆっくりとあの頃に戻っていってるんじゃ…
ごちゃっ
ひ～～っ
ヤバイ!!
ヤバイぞ私!!

ただいま〜
ん？ どした？
ハァハァ
だ 大丈夫
ちょっと怖かっただけ
ドキドキ
ドキドキ
あれ？ このゴミまだ捨ててなかったんだ
今まとめて捨ててこようか？
朝もあったよね
あっ
いいよ いいよ 私がやるよ！
ちょうど今やらなきゃって思ってたとこだったし
今帰ってきたばかりで悪いし…
でも ゴミ置き場もすぐそこだし
あっ！
バッ
んもう！ いいって言ってるでしょ！ 私がやるってば！
ほっといてよ！
はっ
つい夫君にイライラをぶつけてしまった
やっちゃった――
じゃやってくださいっ
プイッ
そうじゃ片付けのコツをマスターしたはずだったのに
なんでこんなことになっちゃうんだろう…
ブスッ
キレイをキープするのって難しい…
夫のきげんもそこねるし
夕食後やると言ったがそのままになりそうな気配…
新たな問題に直面してしまった私 さて どうなる!?

CONTENTS 目次

002 プロローグ どうしてじわじわ散らかってくるんだろう

011 第一話 毎日こまめにそうじするのって、難しい

017 汚部屋住民あるある

019 第二話 〝ついで洗い〟なら面倒くさくならないかも？ ～洗面所おそうじ編～

026 こんなときこんなことが面倒になっちゃうんです

027 第三話 自分に優しいそうじ法を探してみよう ～お風呂場おそうじ編～

034 あのイヤ～なゴミを触らずに済むグッズを紹介します

035 第四話 「後でまとめてやればいいや」が汚部屋をつくっていた

042 趣味も限度を超えると汚部屋のきっかけに!?

043 第五話 〝帰宅時のついで片付け〟で未来の憂鬱を消す！
〜リビングの散らかりやすい場所編〜

052 週末の過ごし方にも変化がありました

053 第六話 「隠して後で大惨事」をやめてみた
〜シンクのゴミ受けおそうじ編〜

060 家電もひと手間を減らしてくれました

061 第七話 さがしやすくてそうじしやすい収納にしよう
〜クローゼット見直し編〜

068 見えづらいところは汚れやすい

069 第八話 「減らす&すぐやる」で、腰が軽くなる
〜食器洗い変革編〜

077 このくらいなら今やっちゃおう！

079 第九話 素直になったら、家族の足なみがそろってきた
〜忙しくて部屋が荒れる時期編〜

086 家事分担も大事だけれど

087 第十話 明日のために、ちょっとだけ頑張る
～何もかもが面倒な時期編～

094 うちの汚部屋と心の疲れ、関係がありました

095 第十一話 分割そうじで必要な時期にいい状態になる
～師走の大そうじ億劫問題編～

103 住まいと一緒に体もメンテナンスはじめました

104 エピローグ あこがれだった
「自然と部屋がキレイ」生活になって…

108 後回し虫・めんどくさい虫とたたかうためにやってみたこと

112 汚部屋脱出の前作から3年後
「ほっとする家」になりました！

116 あとがき

第一話

毎日こまめに
そうじするのって、
難しい

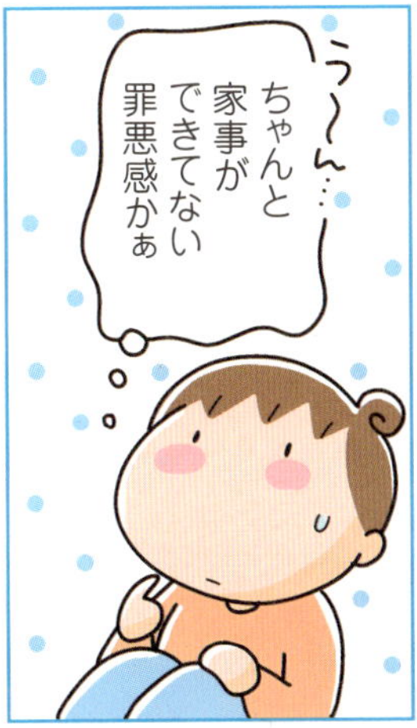
う〜ん…
ちゃんと家事ができてない罪悪感かぁ

翌朝
じゃ 行ってきます
プイッ
うっ…
ははーい
行ってらっしゃ～い
夫君…
まだ昨日のことで機嫌が悪そうだった
あっ
もうっいいからっ
バッ
結局まだある
そういえばついこの前も似たようなことがあったばかりだし
今やろうと思ってたの！
いじらないでよ！
だって今使うタオルがないんだもの
たたんでない洗濯物
なんだか最近部屋が散らかっていると
険悪なムードになってる気がする…
夫君は毎日帰りが遅くて家事の分担ができないから
家の中のことは私が頑張らなきゃいけないのに…
その分家賃を負担してもらってるんだし
でもやっぱりめんどくさい
その日のお昼
とある仕事の待機中
あ～分かる～
うちも部屋が汚くなるとダンナとの仲がビミョ～になる
ははは
カメラマンFさん
ホッ
うちだけじゃなかったんだ～
ライターNさん

うちは夫が料理担当でそうじが私担当なんだけど
面倒になってそうじをなまけた日には
ごちゃ…
うう何か言いたげ
食事中無言の圧力を感じることがあってさ
心なしかおかずも少ない気が…
ちゃんとそうじができていないときって心のどっかに罪悪感みたいなのがあるから
気のせいかもしれないけど
はー
私ってだらしないなぁ
ちゃんとやらなきゃな〜
うんうん
あ〜その罪悪感一人暮らしでもあるかも〜
そうそう しかも罪悪感を感じてるときに
家族にちょっと口を出されたりすると
いつも以上に責められてるような気になりません？
私の場合実家の母ですけど
ちょっとこれ…
わかってるから！今やるし
それでケンカになっちゃうこともあるんですよねぇ
子供みたいですけど…
今やるって言いながらいつもほったらかしでっ
私だって疲れてんの!!
あ〜あるある
う〜ん…
ちゃんと家事ができてない罪悪感かぁ

そういえば汚部屋の頃からずっと感じてたかもしれない
〝片付けられない女〟でごめんなさい
「私がやるから!」と言い続けたら夫はあきらめモードに入ってしまった。
ボ〜〜ッ
夫君は私のこと「ダメな妻をもらってしまった」と後悔してるだろうな
そんなに気に病むならパパッとそうじしちゃえばいいって分かってるけどなんでか面倒くさくなっちゃう…
ピーピーピー
チラ
あとで…
チラ
そもそも私って子供の頃からあきっぽくて
今まで何ひとつきちんと続けてこられたことなんてないし
習い事もあきてやめた
つまんない
そろばん
夏休みの計画なんて3日と続かない
夏休みのすごし方
宿題なんて後まわし
小3ドリル
夏休みの友
文房具最後まで使い切ったことがない
あ〜もう
私みたいに根っからの三日坊主がこの先ずっと毎日こまめにそうじを続けられるなんて絶対思えないんですけど〜〜!!
ガシガシ
このときの私は汚部屋を脱出したもののすっかり自信をなくしていたのです
あれは相当な夫婦ゲンカをしたに違いない
そして
その夜
は〜
ごちそうさま〜
さすがに捨てた

チラッ
洗い物は…
後回し虫 活動中♪
――まぁ おなかが こなれてから やることに しよう
と言いつつ 翌朝になることも しばしばだけど。
おっと 食後のサプリ 飲まなきゃ
こーいうのは 続けないと 意味ないもんね～
フンフ～ン♪
続けて早3ヵ月 お肌の調子が いいんだよね♥
美容系 ライターさん オススメサプリ
さてと 食後の くつろぎタイムの ためにお茶を 淹れて と
コポ コポ
お茶のお供は 梅味の茎わかめ♡
おいしくて ヘルシーで 最近おやつは こればっかり
ハマって もう 2週間は 食べてる
そして!
今夜ものんびり 海外ドラマを 観るのだ～
月曜9時は ウォーキング・デッド!
ピッ
ここ数年 CS放送の 海外ドラマにハマり 夕食後に観るのが 日課になっていた私
ふっふっふ
我ながら 毎日毎日 よく続くと 思うわ～
ん?

“毎日毎日よく続く”って…
今日のお昼に
私みたいな根っからの三日坊主なんて〜
って落ち込んだばかりなのに…
私ってあきっぽくて何ひとつ続けてきたことなんてないと思ってたけど
そう考えてみると
案外“続いてること”ってあるかも
お気に入りの腕時計は毎日身につけて3年目
大好きな多肉植物はせっせと世話してもう8年
体にいいと信じて食べてる朝のヨーグルトはもう5年目…
おかげで便秘知らず!
ビフィズス
ふ〜ん
私でも楽なこと楽しいことは何年も続けられるんだ…
なんか
意外な自分を発見…
はっ
ってことはもしかして
そうじや片付けもラクで楽しくなったら
今よりは続けられるようになったりして!?
ポロリ
面倒くさがり三日坊主…
そんな私にちょっぴり光が見えてきたのでした

こんな人は汚部屋に
なりやすい…
汚部屋住民あるある
つい似たような服を買ってしまう
あれっこれも黒のVネック！
手持ちの服のラインナップをおぼえてない
今着ている服以外がタンスにたくさんある
これはやせたら着よう
これは合わせるスカート買ったら着よう
これは高かったからとっとこう
タンスに服を入れるときはギュッと押さえてひきだしを閉める
ギュ〜ッ
崩壊寸前！
いつの間にか夫のスペースも侵食してしまう
夫
私
ひきだしひとつちょうだい
いや
旅先で気持ちが大きくなる
せっかくだからこれもください
かぶと
まぐろテール
良かれと思ってポイントデーにドカ買いしてしまう
私って買い物上手〜
でも収納下手
ポイント5倍
ステキなコーヒーグッズを持っているのに普段はもっぱらインスタントだ
いずれ使うんだ〜

汚部屋あるある
こんな人は汚部屋になりやすい…
最近私ばっかり家事やってる
忙しいのに…
最近全然家事やってくれない
忙しいのに…
家族となかなか話し合えずモヤモヤしている
ウェットティッシュ
アンケート用えんぴつ&メモ帳
試供品
MEMO
旅先で使おうっと
といいつつなかなか旅行する機会がない
おそうじ用品だけは最新式
待ち合わせが下手
遅れがちだったり早く着きすぎたり
ごめん待ったー
2分早く来ちゃった
家具はありあわせ&思いつきで買ったものばかりなので
実はあんまり気に入ってない…
なんか統一感がないんだよなー
和だんす
カラーボックス
プラケース
変なこだわりがありコリ性な一面がある
紅茶だけはこだわってるのー!
ベランダにサンダルのあとが残っていてなかなか消えない
ベリベリ
洗濯ネットが使いたいときほどみつからない
どこだっけ?

第二話

〝ついで洗い〟なら面倒くさくならないかも？

～洗面所おそうじ編～

ん？
疲れた日や落ち込んでる日はそうじが面倒になる？
そういえば私って…
朝ごはん

翌朝
じゃ 行ってきまーす
ハーイ
行ってらっしゃーい
ホッ
そうじがラクに楽しくなれば 三日坊主の私でもマメにそうじができるようになるかも?
と思いついたものの…
でも… そうじがラクに楽しくなる方法なんてすぐには思いつかないよなぁ
例えば… おそうじロボを買うとか?
スィスー～ィ
お手伝いさんをやとうとか?
ムリムリ。
あらいやだ…
頑張ってそうじしたら夫君が金一封くれるとか?
おそうじがんばったで賞
夫より
オイッ
それなら頑張れるかも♡
う～ん
とはいえ いくらそうじがラクに楽しくなったとしても
やっぱり疲れた日や落ち込んでる日なんかは
面倒で嫌になっちゃうと思うんだよね
私の性格だと…
は～
今日はもうなんもしたくない。
ヤケ酒しすぎた～
そうじどころかお風呂さえめんどうになってるし
ん?
疲れた日や落ち込んでる日はそうじが面倒になる?
そういえば私って…
朝ごはん

【第二話】

〝ついで洗い〟なら面倒くさくならないかも?

～洗面所おそうじ編～

別に疲れてない日だってそうじするときには
はーっ
さてそうじやっちゃうか〜
めんどくさいけど!
パチ
パチ
って気合を入れないと重い腰があがらないんだよね…
ダメな私
そう考えると逆に長く続いていることって
〝気分や元気のあるなしに関係なくやれること〟
って感じがする
体調が優れなくても時計はつける
イライラしててもサプリは飲む
ビタミン
少々ダルくてもドラマは観る
ということはそうじも気分や元気のあるなしに左右されずに
テキパキ
パパッと
パパッとやってしまえたら続けられるようになるんだろうか…
あははは…
そもそも私がパパッと動ける性格だったら汚部屋になるまで散らかしてないっつーの
こうして考えは堂々巡りに
おっと
今日はお昼に打ち合わせが入ってるんだった!
そろそろ身支度しておかなきゃ
歯を磨こっと
ニュ〜

ありゃ？
ポロッ
乾くと取れにくそうだし
流しておこっと
シャコシャコ
ゴシゴシ
ついでにホコリや髪の毛も…
ジャ〜〜
ガラガラ
ペッ
よし
ピカー
ピカー
ん？
ん――？
2度見
洗面台って水で流すだけでも結構キレイになるんだ
――っていうか…
洗面台っていつもついめんどくさくなってほったらかし気味なのに〜
朝の身支度のついでにキレイになっちゃうってスゴくない!?

〝ついで洗い〟なら面倒くさくならないかも？

～洗面所おそうじ編～

これに気を良くした私は翌朝から
〝身支度ついでに洗面台洗い〟を実行してみることに
ふあぁ
歯磨きが終わったら
ザブザブと顔を洗って
顔はぬれたまま
ついでにザブザブと洗面台の中も手で洗い流し…
ジャ〜
タオルで顔を拭いたら
は〜
目がさめたー
フキフキ
ついでに洗面台の中もフキフキ
時間があったら蛇口や鏡もフキフキ
フキフキ
そしてタオルを交換してかけたら…
朝の洗顔と洗面台のそうじが
じゃーん
イッキにおしまい！
う〜む楽ちんだぁ
水あか落としとかちゃんとしたそうじは
週末の時間があるときにやろっと
平日はこれで十分キレイだもんね

そして週末の朝
週1の水あかそうじをしようと思ったけど
なんだか洗わなくてもいいくらいキレイだぞ?
毎日ザッと洗ってタオルで拭きあげてるから
面倒くさくてほったらかし気味の頃より
水あかが付きにくくなったのかもしれないなぁ
キュッ
キュッ
バスクリーナー
ますます楽チン♪
こうして思いつきから始まった洗面台の洗い方は
シャコシャコ
ジャ〜
キュッキュッ
もはや
“洗面台を洗うまでが私の洗顔”
って感じ
まるで
家に帰るまでが遠足です
ハーイ
みたい
思った以上に簡単に私の生活になじんでしまい
気付けば
1カ月後も洗面台をいつもピカピカに保つことができていました
ピカーーッ
わ〜い♥
この私が毎日洗面台を洗えたなんてウソみたい
我ながら信じられない!
不思議だなぁ
この1カ月洗面台洗いが面倒くさいと思うことがほとんどなかった
というか何も考えずに洗ってた…

【第二話】

“ついで洗い”なら面倒くさくならないかも？

～洗面所おそうじ編～

今までだったら仕事終わりや週末に
どーれ そろそろ洗面所のそうじしなきゃな
は〜めんどくさい
とびちりあと
ホコリ
かみの毛
みずあか
って特別に時間を設けてやろうとすると億劫で仕方なかったけど
洗面台を洗うまでが私の洗顔
フキフキ
フキフキ
って決めたらそうじしてる意識もないくらい簡単にできちゃった
はっ
もしかしてこんな風にやってみたら
他にも楽にそうじができる場所があったりして…？
気分や体調に左右されずに
パパッとやってしまえる楽なそうじ法
理想
そうじも片付けもストレスなくできて
いつもお部屋がキレイ♥
ウフフフ
そんな夢のような方法に
よし！
他にも“ついでにそうじ”できそうな場所を探してみよっと♪
どこかなどこかな〜
こっちはどうかな〜
あ
また何か始める気だ…
気が付かない内に一歩近づいていた私なのでした

めんどくさい虫
活動中!
こんなとき
こんなことが面倒に
なっちゃうんです…
友達にアドレスや画像を送る約束
あ、それ後でURL送ってくれない?
オッケー
手紙は書いたけど
ポストに寄らなきゃいけないとき
また持ち帰ることに
年賀状のシーズン
いぬ年
急な雨でくつの中まで水が染みてしまったとき
これどこに干そう めんどくさ…
そろそろ布団干さなきゃ…
と思ったとき
明日早く起きなきゃいけないのに
ま、明日どーにかなるか
録りためてた海外ドラマを観てしまったとき
しかも佳境!
レンジでふきこぼしてしまったとき
ジュワ～
鍋がこげついたとき

第三話

自分に優しいそうじ法を探してみよう

〜お風呂場おそうじ編〜

お？何これ？
「石けんが溶けにくい石けん置き」？
石けんが溶けにくい
便利

さて前話
朝の洗顔ついでの洗面台洗いを
1カ月間続けることができて
キレイな洗面台をキープできた私は
顔を洗うついでに洗面台の中も手でゴシゴシ
顔を拭いたついでに洗面台もフキフキ
ピカー
ピカー
他にも〝ついでそうじ〟できるところってないかなぁ
えーっと～
キョロ
キョロ
洗顔ついでに洗面台を洗って成功したんだから…
同じ水まわりってことでバスタブ洗いなんてどうかな
実はバスタブもいつも〝分かっちゃいるけど後回し〟な場所なんだよなぁ
湯アカが見える
ま明日やればいっか
そうだそうだ
後回し虫
ザラザラする… 明日こそ洗おう
バスタブもお風呂のついでにスイスイ～っと洗えるようになりたいなぁ
そしてその夜
お風呂あがったよー次どうぞ～
は～
ホカ
ホカ
はーい
よしっ
家族が入浴をすませたら実験開始

【第三話】

自分に優しいそうじ法を探してみよう

～お風呂場おそうじ編～

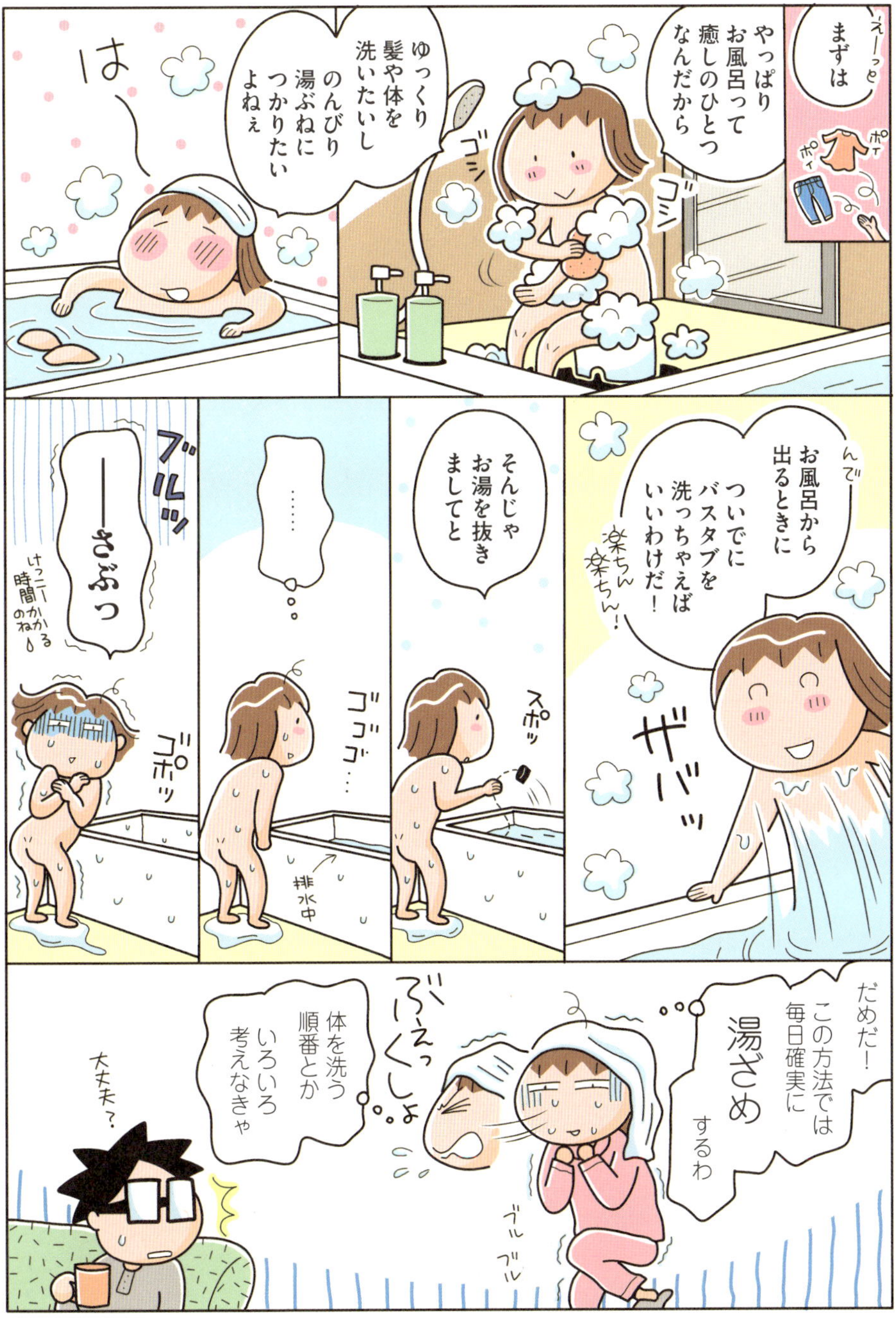
えーっと
まずは
ポイ
ポイ
やっぱり お風呂って 癒しのひとつ なんだから
ゴシ
ゴシ
ゆっくり 髪や体を 洗いたいし
のんびり 湯ぶねに つかりたい よねぇ
は～
んで
お風呂から 出るときに
ついでに バスタブを 洗っちゃえば いいわけだ！
楽ちん 楽ちん！
ザバッ
そんじゃ お湯を抜き ましてと
スポッ
……
ゴゴゴ…
排水中
ブルッ
――さぶっ
けっこー 時間かかる のね
ゴポッ
だめだ！
この方法では 毎日確実に
湯ざめ
するわ
ぶぇっくしょ
ブル ブル
体を洗う 順番とか いろいろ 考えなきゃ
大丈夫？

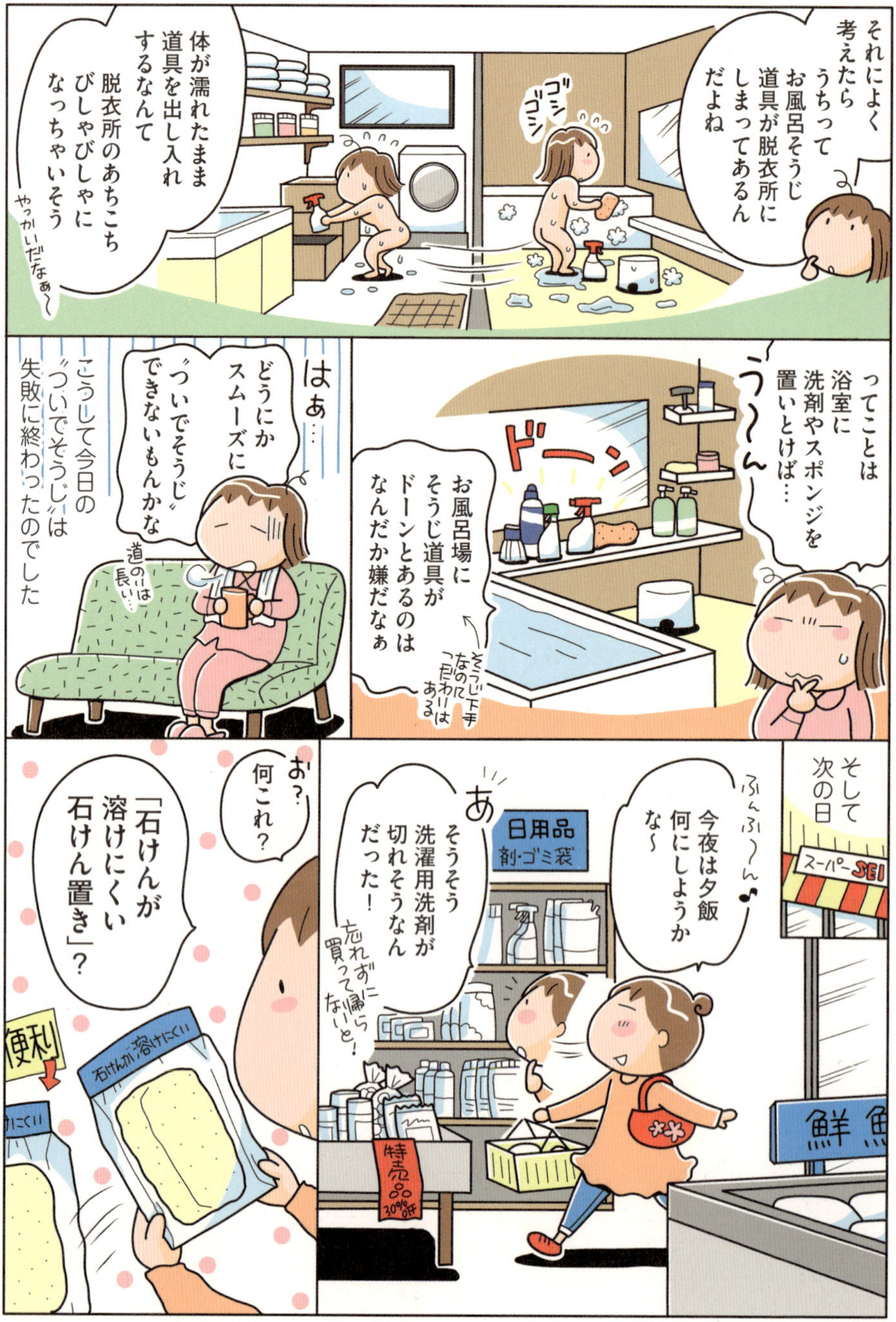
それによく考えたらうちってお風呂そうじ道具が脱衣所にしまってあるんだよね
ゴシゴシ
体が濡れたまま道具を出し入れするなんて脱衣所のあちこちびしゃびしゃになっちゃいそう
やっかいだなぁ〜
ってことは浴室に洗剤やスポンジを置いとけば…
う〜ん
ドーン
お風呂場にそうじ道具がドーンとあるのはなんだか嫌だなぁ
そうじ下手なのに「たわし」はある
はぁ…
どうにかスムーズに〝ついでそうじ〟できないもんかな
道のりは長い…
こうして今日の〝ついでそうじ〟は失敗に終わったのでした
そして次の日
スーパーSEI
ふんふ〜ん♪
今夜は夕飯何にしようかな〜
鮮魚
日用品
剤・ゴミ袋
あ
そうそう洗濯用洗剤が切れそうなんだった！
忘れずに買って帰らないと！
特売品 30%OFF
お？何これ？
「石けんが溶けにくい石けん置き」？
便利
石けんが溶けにくい
けにくい

【第三話】
自分に優しいそうじ法を探してみよう
～お風呂場おそうじ編～

ふ～ん
石けん置きが目の粗いスポンジでできてるのか
確かにこれなら水切れが良さそうだなぁ
使い終わった
石けんを皿にのせておくと
付いていた水分に
石けんが溶けてドロドロに
でもスポンジなら
水分は流れ落ちるので溶けにくい
石けんが溶けにくい
実は体を洗うのは石けんが多いわが家
使いやすい石けん置きを探してたところだったんだよね
買って帰ろうかしら
はっ
このスポンジってバスタブ洗いに使えないかな!?
さっと洗うだけなら石けんを使えばいいんだし!
ひらめいたー!
普段は石けん置き
でもお風呂からあがるときは
石けんを泡立てて
ゴシゴシ
ササッとバスタブ洗いに!
使い終わったらよくすすいで
さっそくその夜実験再開!
お風呂どうぞ～
ハーイ
よし!
今日こそスムーズに〝ついでそうじ〟するために髪や体を洗うタイミングを考えてみたんだよね
まず最初にシャワーをあびてシャンプーをしちゃって
シャカシャカシャカ

リンスをつけたら湯ぶねにじっくりつかる
んは〜〜
極楽じゃ〜〜い
リンスしみ込み中
湯ぶねからあがったらすぐお湯を抜いてと
スポン
ゴゴゴ
リンスを洗い流したら体を洗う
その間にお湯が全部流れる
ゴシゴシ
アワアワ
そして！ここからが重要！
体を洗ったついでに
アワアワのまま
あの石けん置きのスポンジで石けんを泡立てて
ゴシゴシ
バスタブもササッと洗っちゃう!!
余裕がある日は蛇口や鏡も!!
んで体もバスタブもイッキにシャワーで流す！
シャワ〜
シャワ〜
じゃーーん！
よし！
ピカー
ピカー

【第三話】

自分に優しいそうじ法を探してみよう

～お風呂場おそうじ編～

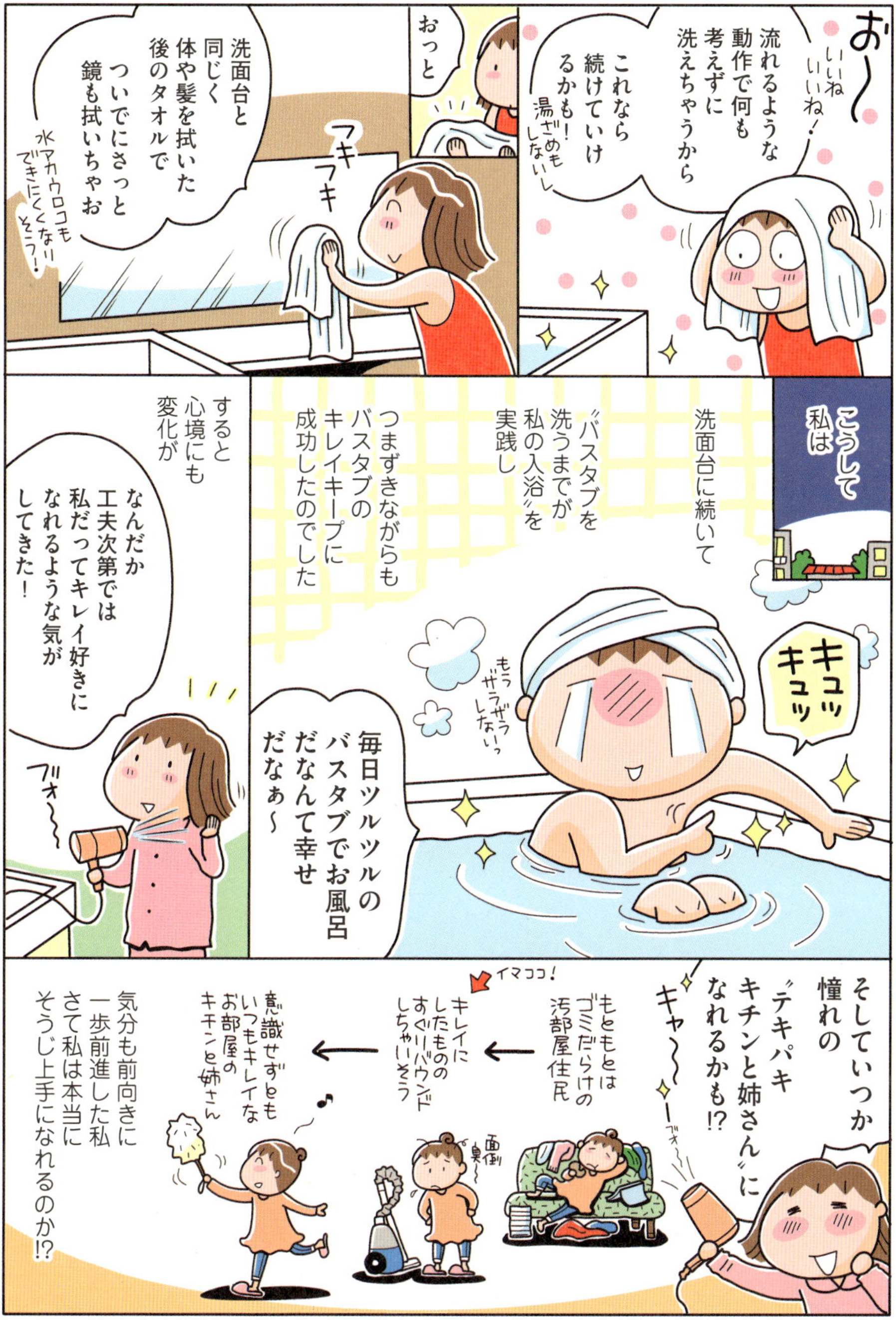
お〜
いいね いいね！
流れるような動作で何も考えずに洗えちゃうから
これなら続けていけるかも！
湯ざめもしないし
おっと
フキ フキ
洗面台と同じく体や髪を拭いた後のタオルでついでにさっと鏡も拭いちゃお
水アカウロコもできにくくなりそう！
こうして私は
洗面台に続いて
〝バスタブを洗うまでが私の入浴〟を実践し
つまずきながらもバスタブのキレイキープに成功したのでした
キュッ キュッ
もうザラザラしないっ
毎日ツルツルのバスタブでお風呂だなんて幸せだなぁ〜
すると心境にも変化が
なんだか工夫次第では私だってキレイ好きになれるような気がしてきた！
ブォ〜
そしていつか憧れの〝テキパキ キチンと姉さん〟になれるかも!?
キャ〜
ブォ〜
もともとはゴミだらけの汚部屋住民
イマココ！
キレイにしたもののすぐリバウンドしちゃいそう
面倒臭〜
意識せずともいつもキレイなお部屋のキチンと姉さん
気分も前向きに一歩前進した私 さて私は本当にそうじ上手になれるのか!?

入浴後
抜け毛を指でつまんで捨ててから
お風呂から出てすぐ顔に化粧水つける
この流れがとっても嫌!!
あのイヤ〜な抜け毛をどうにか触らずに捨てることができないかなぁ
ん?
シュガー用トング
そこで抜け毛つまみ用トングを買ってみました!!
これめちゃいい!
触らなくていい
これだけで抜け毛を捨てるのが気楽になった気がします
洗面所のゴミ箱にひっかけていつでもすぐ使えるようにしています
ブラシにトングがセットできる
オススメ!
風呂用ブラシ
MARNA(マーナ) ¥594 税込

第四話

「後でまとめてやればいいや」が汚部屋をつくっていた

ひえ〜
このお知らせ先月からここにあったってこと？
自分のズボラさが怖い…

〝ついで洗い〟をするようになって
洗面台やバスタブを
頑張らなくてもキレイにキープできるように
なった私は
例えば洗面台は
朝の洗顔のとき
ついでに手で
洗面台を水洗いして
ピカー
顔をふくついでに洗面台もふく
ピカー
3つの不思議な現象に気が付いていました
むむむ
——それは
その1
毎日洗ってるのは洗面台とバスタブだけなのに
なぜか洗面所と浴室全体がキレイに見える
なーんかスッキリしてるというか汚れないというか…
そりゃたしかに
せっかくキレイにしてる洗面台だから汚したり散らかしたりしたくないし
あ～
このサンプルのクリームいいわ～
おっとゴミはゴミ箱へ
ポイッ
バスタブや洗い場まわりはスポンジでイッキに洗いたいから
シャンプーとかの容器はなるべく必要最小限しか置かなくなったんだよね
ゴシゴシ
サッ
それで以前よりスッキリキレイに見えてるのかも
最近はこっちの方もついで洗いするように
ゴシゴシ

その2
洗面所と浴室のそうじ回数が以前より減った
ゴシゴシ
けっこう湯アカってしつこいよね
これまではため込んだ汚れを週1～2回わざわざ時間を作ってそうじしてたけど
ついで洗いのおかげで一番汚れやすい洗面台やバスタブはキレイだから
全体的なそうじは2週に1度すればいいだけになった
2週に1度やるそうじ
洗たく機の排水パンのそうじ
けっこうホコリがたまる
あればカビ取りも
カビ
ついで洗いってそうじしてる実感があんまりないから
なんだかまるで2週に1度しかそうじしてないような気分なんだよね
とってもお得な気分♥
キュッ
そして最後に
その3
キレイなところはどうやら家族も散らかしにくいらしい
だって散らかしちゃ悪いような気がして…
うむいいことだ
いらなくなったひげそり
こうして〝ついで洗い〟は思わぬ効果を発揮しながら
私の習慣となりつつあったのです
他にもついで洗いしちゃえるところってないかな～
ゴシ
ゴシ

そんなある日のこと
買い物から帰ったら…
あれ？なんかいっぱい届いてるな
ケーブルテレビの〝今月の番組案内〟とクレジットカード会社から利用明細かな？
あとは携帯の利用明細と出版社からも何か来てるなぁ
SOFT PANK
エポスカード
J:CAM
KADOKAWA
は～ただいま～
ふ～っ重たかった
ドサッ
パサッ
これは後でまとめて確認すればいいや
さてと のどかわいたなぁ むぎ茶 むぎ茶
ゴクゴクゴク
プハーーッ
生き返る～
ん？
あれ？ケーブルテレビの〝今月の番組案内〟が2冊もある…
あっ なんだこっちのは先月のか～
J:CAM
今月の見どころ！
7月
ハリウッドが変わった
J:CAM
今月のオススメ
6月
単館映画

【第四話】

「後でまとめてやればいいや」が汚部屋をつくっていた

えっ？
——ってことはもしかして
ひえ〜
このお知らせ先月からここにあったってこと？
自分のズボラさが怖い…
実は私はいつも
後で確認しよっと
ポストから取り出した郵便物をすぐには読まず
ポイッ
心の片すみで気にはしながらも
キラ
まぁ週末のそうじの時にまとめて確認すればいっか〜
結局後回しにしてしまうことが多々あったのです
〝週末そうじの時にまとめてやろう〟ってのが私の悪いクセなのかもな〜
そういえば洗面所や浴室もよく
ひ〜っ
ザラザラするけど週末にそうじすればいいや
なんて思って後回しにしてたもんね
J:CAM
J:CAM
ん？
〝週末にまとめてやろう〟？
ドキッ
そう思ってほったらかしにしてるところっていったいいくつあるんだろう…
ガーン
よく考えたらこれ全部週末にやろうと思ったら何時間かかるんだ？
嫌だよそんな週末…
レンジの油よごれ
生ゴミうけ洗い
DMの確認
紙ゴミまとめ
冷蔵庫内そうじ
ゴミ箱洗い
床そうじ
他にもシャツのアイロンがけや布団ほしシーツ洗いなどなど

そう思って部屋を見渡したとき
そ　そうか――
ゴクリ
私の部屋がなんで散らかってしまうのか分かったような気がしました
これが私の
汚部屋への第一歩だ！
毎日増えるもの　毎日汚れるもの
例えば…
バスタブ
三角コーナーや生ゴミうけ
ガスレンジ
トイレ
DM
これらをつい
週末にまとめてやればいいや
と放置
どうせ週末にまとめてそうじするんだから…
と思ってるから
他のそうじやゴミすてなどもついでになまけてしまう
いざ週末になったら　もはやどこから手をつけていいやら
やる気もおきない…
週末なんだからおでかけしたいしのんびりしたいしそうじで週末終わりたくない
ごちゃ…
うんざり
結果どんどん汚れも散らかしたものも増えていき
来週末まとめてやろう♪
ど～せその内やらなきゃいけないんだしさ～
ポイッ
と汚部屋へまっしぐら
そして少しでも
部屋が散らかってるなぁ
なんて言われたら
やろうと思ってたの!!
などと言ってしまう…

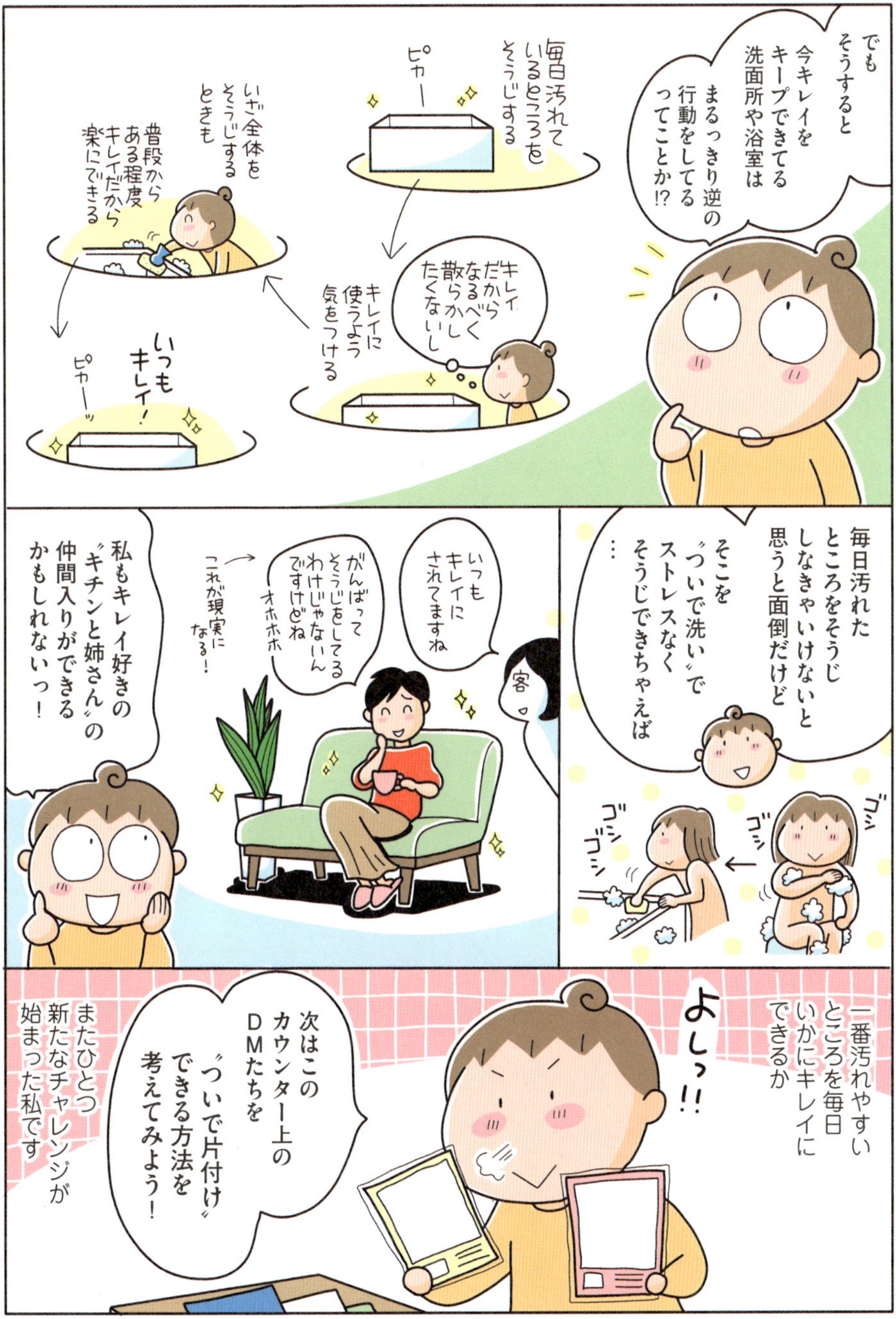
でも そうすると 今キレイを キープできてる 洗面所や浴室は まるっきり逆の 行動をしてる ってことか!?
毎日汚れて いるところを そうじする
ピカー
キレイ だから なるべく 散らかし たくないし
キレイに 使うよう 気をつける
いざ全体を そうじする ときも
普段から ある程度 キレイだから 楽にできる
いつも キレイ!
ピカーッ
毎日汚れた ところをそうじ しなきゃいけないと 思うと面倒だけど
そこを 〝ついで洗い〟で ストレスなく そうじできちゃえば …
ゴシ ゴシ
ゴシ ゴシ
いつも キレイに されてますね
客
がんばって そうじをしてる わけじゃないん ですけどね オホホホ
これが現実に なる!
私もキレイ好きの 〝キチンと姉さん〟の 仲間入りができる かもしれないっ!
一番汚れやすい ところを毎日 いかにキレイに できるか
よしっ!!
次はこの カウンター上の DMたちを 〝ついで片付け〟 できる方法を 考えてみよう!
またひとつ 新たなチャレンジが 始まった私です

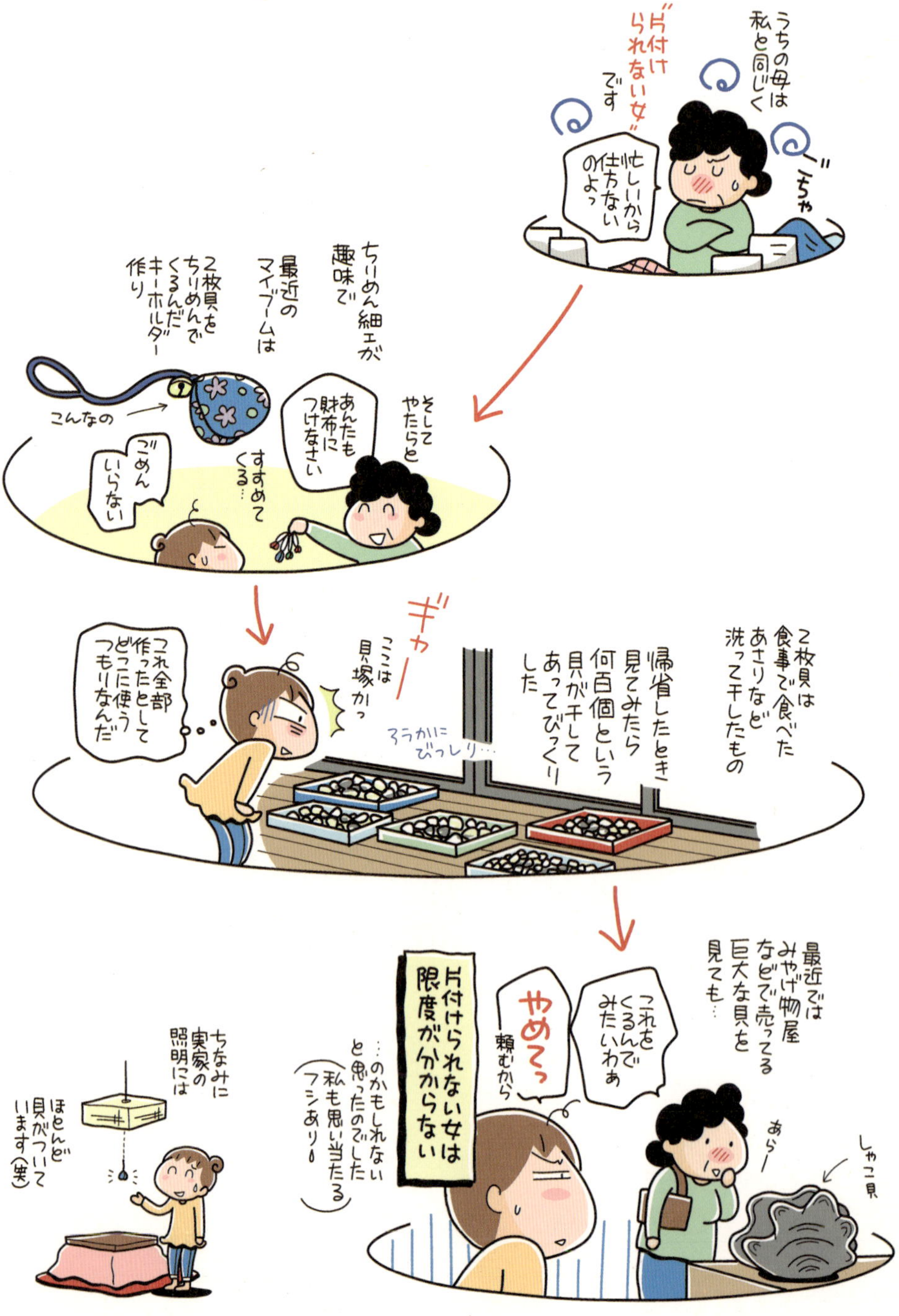

うちの母は私と同じく
“片付けられない女”です
ごちゃ
忙しいから仕方ないのよっ
ちりめん細工が趣味で
最近のマイブームは
2枚貝をちりめんでくるんだキーホルダー作り
こんなの
そしてやたらと
あんたも財布につけなさい
すすめてくる…
ごめんいらない
2枚貝は食事で食べたあさりなど洗って干したもの
帰省したとき見てみたら何百個という貝が干してあってびっくりした
ギャー
ここは貝塚かっ
ろうかにびっしり…
これ全部作ったとしてどこに使うつもりなんだ
最近ではみやげ物屋などで売ってる巨大な貝を見ても…
これをくるんでみたいわぁ
やめてっ 頼むから
あら〜
しゃこ貝
片付けられない女は限度が分からない
…のかもしれないと思ったのでした
（私も思い当たるフシあり）
ちなみに実家の照明には
ほとんど貝がついています（笑）

第五話

〝帰宅時のついで片付け〟で未来の憂鬱を消す！

～リビングの散らかりやすい場所編～

――もしや
実はこれも全部いらないものなのか？
全部いるよ
捨てちゃもったいないんだよ
私にはいりません
クーポンもメニューもネットでも見られます！
う〜〜〜ん
悩む〜〜〜っ

前話までのあらすじ!
この頃なんだか部屋のあちこちがスッキリしないわが家
バスタブ汚れ
でも
ある日毎日増えるものや少しずつ汚れるものを
洗面台汚れ
なんとな〜く
ついで洗い&ついでそうじ
を
やると部屋は結構キレイになると気がつき
他にも応用できないかな?
と考えをめぐらせる私なのでした
そんな中
またひとつ改善したいところを発見!
キッチンカウンターの上ってついつい郵便物やチラシをほったらかして散らかっちゃうんだよなぁ
1〜2週に1度イッキに片付けてる
うわ〜DMがこんなに…
いつもつい
夕飯後にじっくり見るか〜
割引券とかありそうだし
パサッ
なんてカウンターに置いて
でも夕飯後には
テレビ見よーっと
うふふ海外ドラマ〜
すっかり忘れちゃって
朝になって
あ そうだった
チラッ
まいいや週末にでもまとめてやろっと
今忙しいし…
そして週末は更に億劫になる…
なんてことになってしまう…
よし!
今日はとりあえず今片付けちゃお
面倒臭いけど…

【第五話】

"帰宅時のついで片付け"で未来の憂鬱を消す！

～リビングの散らかりやすい場所編～

え〜っと まずはチラシ類
マッサージ店オープン
マンション販売開始
個別指導塾生徒募集…
この辺はいらないなぁ
ポイ
紙ゴミは紙袋に
宅配ピザの割引クーポン
宅配寿司サイドメニューサービス券
中華料理の出前メニュー
この辺はとっておこっと
それから通販のカタログやケーブルテレビの見どころ案内
加入してると月一で送られてくる
これはとっといてゆっくり見ようかな〜
半身浴中とか
J:CAM
今月の見どころ
6
ベルメロン
夏のインテリア
そして各種明細たち
クレジットカードの明細
出版社からの支払明細
ケータイの利用明細
これらは後で細かく切りきざんでゴミに出さなきゃ
個人情報満載だからね
うっ
先月使ったなぁ
あとは…
ん!?
何これ！督促状が来てる!!
気づかなかった!!
あちゃーーっ
今期の住民税支払うの忘れてた
うう〜
延滞金ついてる〜〜！
フリーランスがうっかりやりがちなこと
ガックリ
やっぱり郵便物はこまめにチェックしなきゃダメだな
反省
重要

さてと
これで捨てるものは捨てたぞ！
……
う〜ん
でもなんだかスッキリしないいんですけど…
結局チラシ数枚と封筒のみ捨てただけ
一応これ全部必要なものなんだけどな
ん？
以前とっておいた割引券や出前メニュー
そういえば前のもあるけど使ってないな
——ってことはこのクーポンやメニューも使わないかも？
PIZZA
そもそもそんなに出前取る方じゃないし
それならこのカタログや“見どころ案内”だって
読んでないからここにほったらかしだったわけだし…
——もしや
実はこれも全部いらないものなのか？
全部いるよ
捨てちゃもったいないんだよ
私にはいりません
クーポンもメニューもネットでも見られます！
う〜〜ん
悩む〜〜〜っ

【第五話】

“帰宅時のついで片付け”で未来の憂鬱を消す!

～リビングの散らかりやすい場所編～

コンガーーッ
処分してしまえーっ!!
いいぞー
いいぞ
チッ
ダダダッ
ついでに冷蔵庫に貼ってある期限切れのクーポンもポイッだ!!
ポイッ
フーッ フーッ
よくやったわたし これでまた少しキレイに近づいた
よしよしこの調子だ!
あと残ってるのは～ 住民税の納付書だね
これはいるもの♪
これは明日にでも銀行に行かなきゃいけないから 財布と一緒にバッグに入れとこっと
そして最後に個人情報満載の明細たち
ゴミ箱かかえて
チョキチョキ
うちシュレッダーがないからいちいちハサミで細かく切らなきゃいけなくて面倒なんだよね
つい後回ししちゃう
はぁ～
ま コーヒーでも飲みながらコツコツ切っていくとするか～
おっと
ポチャッ

こぼしちゃった
でもいっか どうせ捨てる ものだし
逆に個人情報 見えづらくなって いいかも
はっ
ピカーン
そっか！ 細かく細かく きざまなくても
汚して個人情報が 読めなくなって しまえばいいのか〜
ってことは 明細を手で
ある程度 ちぎって
5cm角くらい
ビリ
ビリ
朝淹れた コーヒーの かすや 朝ごはんの ときに出た 生ゴミと一緒に 袋に入れてと
コーヒーかす
バナナの皮
リンゴの皮
シャカシャカ モミモミ
紙にゴミを まぶしつける ようにもんだら
このまま ゴミ箱に ポイ！ これなら 念入りに きざまなくても 大丈夫そう！
しかも 紙が生ゴミの 水分を吸うので ゴミ袋が 液だれ しにくい！
楽ちん 楽ちん

【第五話】
〝帰宅時のついで片付け〟で未来の憂鬱を消す!
〜リビングの散らかりやすい場所編〜

こうして カウンターの上は すっかりキレイに なり…
くる くる りん♪
う〜ん スッキリ! やっぱり キレイって きもちいいなぁ
う〜む あとは〝いかに このキレイを キープするか〟が問題なん だよなぁ
ついでそうじ するタイミング あるかなぁ
翌日
は〜 住民税も きちんと 払ってきたし
良かった 良かった
お? 今日も 色々届いて いるみたい
ただいま〜
よっこら しょっと
ふい〜 暑かった〜
麦茶 麦茶
ドサッ
パサッ
……
あり?

うーむ
ついでそうじするタイミングあるかなぁ
きのうの私
それはもしや
今がそのときなのでは!?
麦茶はいったん置いといてと
のどかわいたけど
外から帰ったら座ってくつろぐ前に
まず郵便受けから出してきた郵便物やチラシの処分!
そうすればカウンターが散らかることも減るかも!
ピカー
よし!
ではさっそく処分しちゃお
おっと、買い物した食材は冷蔵庫に入れて、と
チラシやDM通販のカタログなんかは思い切ってポイ
必要な伝票は財布と一緒にバッグへーN!
今は別に欲しいものもないしね
ふふふ
きのうの仕分け体験が役立ってるなぁ
そして個人情報が載ってるものはちぎって
今朝の紅茶の茶がらや生ゴミと一緒に袋に入れて
モミモミポイッ!

おっと
ついでにバッグもクローゼットにしまっちゃお
は〜
やっぱり冷たい麦茶だね〜
きのう使ったやつ
きょう使ったやつ
いつもついソファーまわりにバッグが集まったりするからね
よっしゃ!
そしてここでおもむろに麦茶を取り出しまして…
トクトクトク
ぐびぐびぐび
プハーーッ
カウンターがキレイで麦茶がうまーい!
ピカ
ピカ
ピカ
やればできるじゃないか私!!
こうして〝外から帰ったついでに郵便物を処分〟することにした私
洗面台やバスタブのついでそうじと同じく
郵便物もたまってからより少量の内にパッと処分しちゃう方が楽なんだな〜
わ〜い!
これでまた
週末まとめてやればいっか…
がひとつ減ったぞ〜!
やった〜!
スリスリ
だがしかし…
この後 最大の強敵が待っていようとは
思ってもいなかったのでした…

今までなら
週末まとめてやればいっか
と思っていたことを
平日の内についでにパパッとやっちゃうようになったので
ササッ
ゴミ
パパッ
週末やらなきゃいけないことが減り
自分の時間が増えました
この映画観たかったんだよね～
ちょっと遠出してランチなんてのもいいなぁ
週末グルメ
部屋もキレイで時間もあるなんてうれしいなぁ

第六話

「隠して後で大惨事」をやめてみた

～シンクのゴミ受けおそうじ編～

そういえば前にゴミ受けをそうじしたのいつだっけ？

前話までのあらすじ！
この頃なんだか部屋のあちこちがスッキリしないわが家
でも
ある日毎日増えるものや少しずつ汚れるものを
バスタブ汚れ
洗面台汚れ
なんとな〜く
ついで洗い＆ついでそうじを
やると部屋は結構キレイになると気がつき
帰宅ついでの片付けで部屋が散らからなくなった！
と喜んでいる私なのでした
ピピピピピ…
ふああ
おっ今日はいい天気だなぁ
お洗濯日和だね
グオー
ガチャ
フンフ〜ン♪
今日はなんだか気分の良い一日になりそう〜…
ん？
くんくん
プ〜〜〜ン
一晩閉め切っていたキッチンはなにやら気分がめいるニオイが立ち込めていて…
なんだこのニオイ 生ゴミがクサッたみたいな…
フガフガ
ワンワン
もちろん思い当たる節はいくつかあり
ゴミ箱のゴミは夕べまとめてゴミ出ししちゃったからにおわないはず ──ということは…

【第六話】

「隠して後で大惨事」をやめてみた

～シンクのゴミ受けおそうじ編～

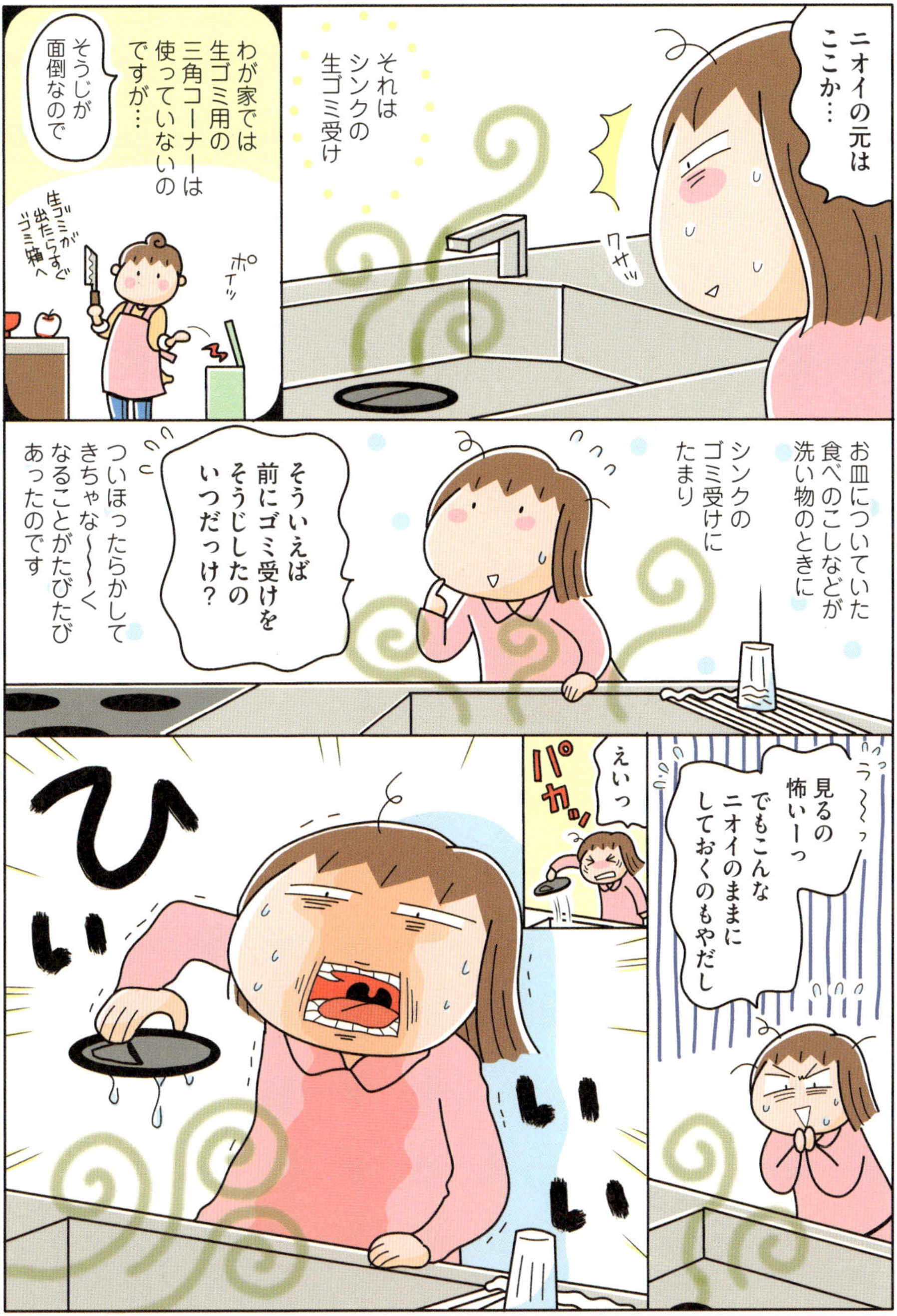

ニオイの元はここか…
クサッ
それはシンクの生ゴミ受け
わが家では生ゴミ用の三角コーナーは使っていないのですが…
そうじが面倒なので
生ゴミが出たらすぐゴミ箱へ
ポイッ
お皿についていた食べのこしなどが洗い物のときにシンクのゴミ受けにたまり
そういえば前にゴミ受けをそうじしたのいつだっけ?
ついほったらかしてきちゃな～～くなることがたびたびあったのです
ラ～
見るの怖いーっ
でもこんなニオイのままにしておくのもやだし
えいっ
パカッ
ひぃぃぃ

ウウ…
朝から とんでもない ものを見て しまった
ホラー映画 より心臓に 悪いかも
ハァ ハァ
ふあぁぁ
おはよ〜
ん? なにこの ニオイ
はっ
やっぱり 夫もニオウ のか
って当たり前か
ん〜
せっかく これまで いろんな ところを キレイにできる ようになった のに
バスタブ
カウンターの上
洗面台
こーいう 隠れて見えない ところがそうじ できていないって 私もまだまだ “キチンと姉さん”じゃ ないってことだよね
よし!
生ゴミ受けも これまで同様 “ついで洗い” できないか 工夫してみよう
ひ〜
きちゃなーい
ゴシゴシ
自主規制
そして お昼 ランチが 終わった後
ふ〜 おいしかった
最近私の 昼ごはんは
キムチ納豆温玉のせやっこ
か
もやしたっぷり野菜炒め
がマイブーム
さてと お皿を洗ってと
ぐいっ

【第六話】

「隠して後で大惨事」をやめてみた

～シンクのゴミ受けおそうじ編～

おっと！ そうそう！ ゴミ受けを 洗うなら やっぱり お皿洗い後に ついでに 洗っちゃう のがいいかも
パカッ
どれどれ
うん 今朝洗った ばかりだから ほとんど キレイ！ サッと 洗い流して おこっと
もやしが 2本 入ってた だけ
このパターンが 習慣になれば きっとゴミ受けの キレイをキープ できるように なるはず！
グッ
いい感じ！
――と 思っていたの ですが
夕飯後 お皿洗いが 終わったとき
さてと お茶も入ったし のんびりするか～
海外ドラマ 見よっと♥
ん？
あ！
ゴミ受け 洗い忘れ てた…
――…
でももう お茶淹れ ちゃったし
チラ
もう手を ぬらすの やだし…
ドラマ 始まっちゃうし
チラ
どうせ今朝 洗ったから キレイだろうし
生ゴミも きっと 少ないハズだし…
チラ
ついつい 先のばしに

その夜
東京は
熱帯夜
だったという…
ムシ
ムシ
そして
翌朝
ギャ〜〜〜ッ
プ〜〜ン
コバエも
また
ゴミ受けが
ニオッてる〜
くちゃ〜〜い
夕べ
暑かったから
あっという間に
生ゴミがくさった
んだ〜〜!!
私って
学習能力
ないのかしら
はぁ〜
面倒でも
昨日洗って
おけば
良かったなぁ
くさくなる前に
洗っちゃえば
楽って分かっては
いるんだけど…
実はこんな失敗を
何度も繰り返して
いる私
生ゴミを
ポリ袋に
捨てて、と
ゴシ
ゴシ
ゴシ
ゴミ受けって普段
フタで隠れてて
パッと見は
生ゴミが見え
なくてシンクが
キレイに見える
から
つい〝まいっか〟
ってなっちゃうん
だよね〜
——ん?
生ゴミが
見えないよう
フタがついてる
フタで隠れてる
からそうじを
なまけてしまう
のなら
フタを取って
まる見えに
しちゃえば
私でもこまめに
ゴミ受け洗い
できるように
なるのかな
よ、よしっ
じゃあこの
フタは洗って
戸棚にしまって
しばらく
ゴミ受け
まる見え状態で
生活してみよう
ササッ
とりあえず
実験だ!

【第六話】

「隠して後で大惨事」をやめてみた

～シンクのゴミ受けおそうじ編～

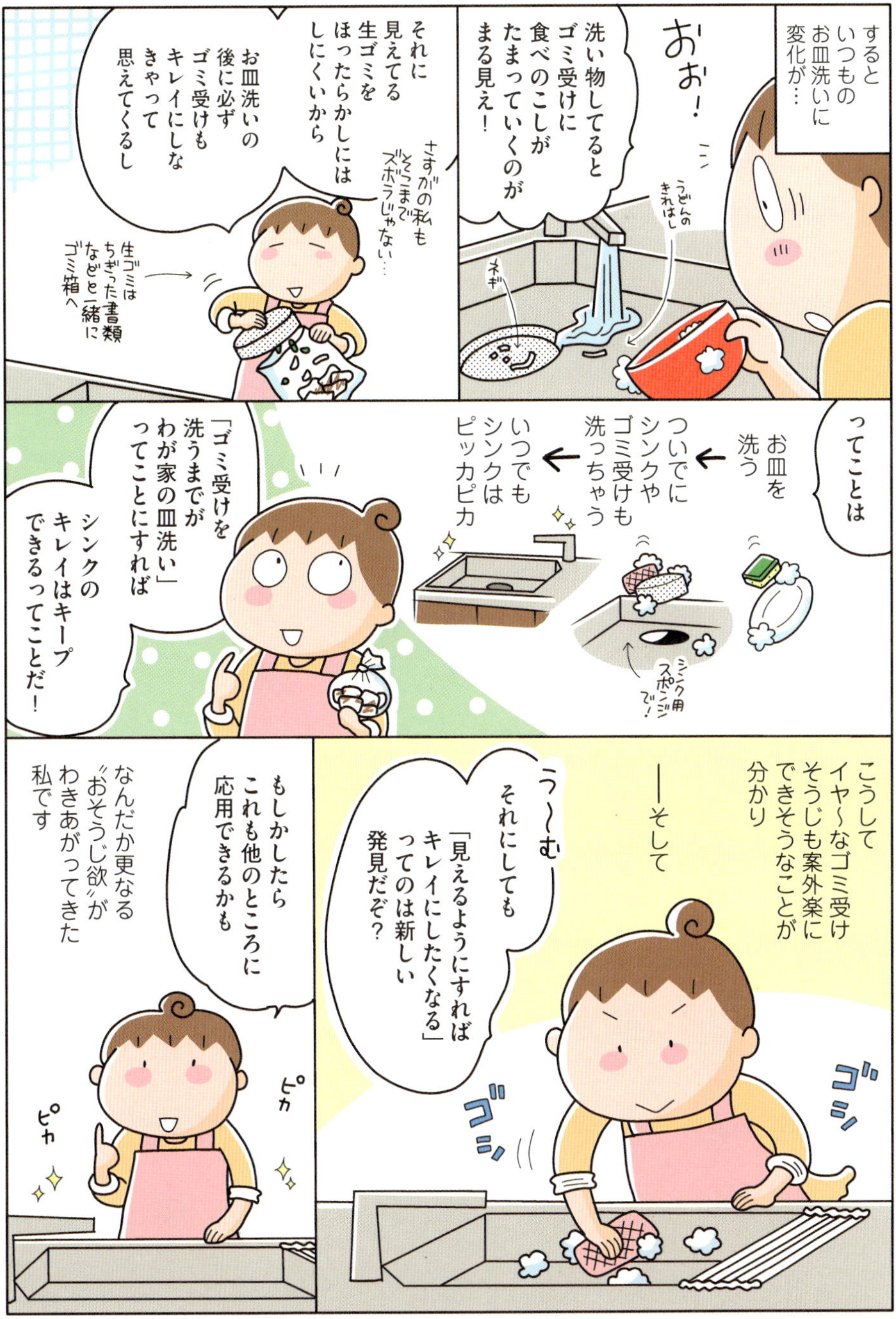

すると
いつもの
お皿洗いに
変化が…
おお!
洗い物してると
ゴミ受けに
食べのこしが
たまっていくのが
まる見え!
うどんのきれはし
ネギ
それに
見えてる
生ゴミを
ほったらかしには
しにくいから
お皿洗いの
後に必ず
ゴミ受けも
キレイにしな
きゃって
思えてくるし
さすがの私もそこまでズボラじゃない…
生ゴミはちぎった書類などと一緒にゴミ箱へ
ってことは
お皿を洗う
ついでにシンクやゴミ受けも洗っちゃう
いつでもシンクはピッカピカ
シンク用スポンジで!
「ゴミ受けを
洗うまでが
わが家の皿洗い」
ってことにすれば
シンクの
キレイはキープ
できるってことだ!
こうして
イヤ～なゴミ受け
そうじも案外楽に
できそうなことが
分かり
——そして
う～む
それにしても
「見えるようにすれば
キレイにしたくなる」
ってのは新しい
発見だぞ?
ゴシ
ゴシ
もしかしたら
これも他のところに
応用できるかも
なんだか更なる
〝おそうじ欲〟が
わきあがってきた
私です
ピカ
ピカ

長く使っていた洗濯機を買い替えようと思っていたときのこと
編集Hさん
それなら絶対ドラム式の乾燥機つき洗濯機がよいですよ!!
へ〜どうして？
なにせスイッチ入れたらあとはたたむだけ!
あの"干す"という工程が丸々なくなるんですよ!!
我々のようなズボラーにはうれしいですよねっ
力説っ
ズボラー？
ふ〜ん確かにそれは助かるなぁ
ということで乾燥機つき洗濯機に替えてみたら
ガー!ン
なんて楽なんだっ
天気を気にすることないし脱水したまま忘れることもないしっ!!
ホカホカ
もっと早く替えてみるんだった!!
家電に頼るのもアリだなーと実感したのでした

第七話

さがしやすくて そうじしやすい収納にしよう

～クローゼット見直し編～

見やすい状態っていっても
クローゼットの中って奥がものの陰になって見づらいんだよなぁ～

これまでのあらすじ
ついつい片付けやそうじを先のばしにして
うちのあちこちがなんとな〜く汚れてる…?感じのわが家
う〜む
でも
汚れやすいところほどついで洗いやついでそうじをしてしまえば
洗顔のとき
ついでに洗面台も水洗い
顔をふくとき洗面台も!
ピカー
ピカー
案外楽にキレイをキープできる
と気付いた!
そして更にもうひとつ気付いたことが…
う〜む
シンクの生ゴミ受けのフタを取って生ゴミが直接見えるようにしただけで
こまめに洗えるようになったなんてふしぎだなぁ
イヤなにおいもなくなったし
フタを取っちゃった
この私が〝見えるようにすればキレイにしたくなる〟
…というか
キレイにせねば!
という焦りか?
って気持ちになったこともオドロキだけど
今までフタひとつ取ることが面倒でそうじが億劫だったんだと思うと
我ながら情けない気もする…
なははは
ん?でもそういえばこの紅茶のティーバッグも
TEA
このフタがついてるだけで
なんか取り出したり淹れたりするの面倒くさい
紅茶やめてジュースにしよ
なんてことがよくあったから
今ではフタを切り取っておくようにしたんだっけ

【第七話】
さがしやすくてそうじしやすい収納にしよう
～クローゼット見直し編～

もしかして私みたいにそもそも根がズボラな人が
きちんとできる人と同じようにやろうとするとついつい面倒くさくなって挫折しがちだけど
できるだけ手順をはぶけば
私にもできるし習慣化しやすくなるのかもしれないなぁ
きちんと姉さん
戸棚から出し ← フタを開けて ← 取り出して ← フタを閉めて ← 戸棚に戻す
私
戸棚から出し ← 取り出して ← 戸棚に戻す
フタがないだけで2ステップも省略される!!
TEA
よ〜し! じゃあ今までそうじが面倒だった場所のフタはできるだけ取ってしまって“汚れが見える”&“手間を減らす”ようにしよう!
まずはフタ探しだ〜!
ワク
ワク
ワク
こうして私は家中のフタを確認して
わっ
何やってるの!?
う〜む… さすがにトイレのフタは取っちゃったらマズイか〜
お風呂場の排水口のフタとビン・缶用ゴミ箱のフタを取り除くことにしたのでした
ついつい抜け毛などでつまるまで放置してしまいがち
ゴミ捨てにいくときついビン・缶を捨てるのを忘れてしまいがち
うむ! これでちょこちょこゴミを捨てられるし洗うのも楽になるぞ〜!
そんなある日のこと
ねぇねぇ
ん?

工具箱って どこにしまってたんだっけ?
めがねのネジがゆるんできちゃってさ~
えーっと クローゼットの中だったと思うけど
がさごそ
う~~ん
がさ
あれ~?
ごそ
がさ
……
おーい ないのー?
……
んも~ そこにあるでしょーが~
ちょっとどいて~
…
えーっと
がさ
ごそ
たしか この奥に…
この前使ったばっかなんだけどなぁ
あれ~?
がさ
ごそ
ほら~ ないでしょーが~
工具箱がなかなか見つからないばかりか
わっ
なんじゃこりゃ! いつからここにあるんだ!?
あれっ? このバッグ捜してたんだよね~
こんなとこにあったのか~
ここしばらくの間に放り込まれた思いもよらないもの達が掘り起こされるしまつ…
ん?
わぁ~ このブーツ昨年全然はかないまま忘れてたー!
誰かのおみやげ
おせんべ
しかも
ギャ~~ッ
ホコリまみれ!
ケホ ケホ
あった

【第七話】

さがしやすくてそうじしやすい収納にしよう
～クローゼット見直し編～

そういえば クローゼットの中もしばらく そうじしてなかったなぁ
クローゼットって とりあえず扉を閉めちゃえば 散らかってるの見えないから ついほったらかしになっちゃうんだよね…
はっ
も…もしかして クローゼットの扉が
私にとって
そうじを面倒くさがらせる フタ なんじゃないだろうか！
よし！ それならクローゼットの扉も取っちゃおうか！
大仕事だなっ
ぐいっ
それはやめて
おうち壊さーないでね
夫の反対もあり クローゼットの扉を取ってしまうことは断念したものの
フタがない状態
＝
汚れなどが見えやすい
ってことだから
クローゼットの扉はあっても 開いたらすぐ中が見えやすい状態になれば変わるかな～？
非常
みかん
見やすい状態っていっても
クローゼットの中って奥がものの陰になって見づらいんだよなぁ～

見えないどころか奥の方ってものが入り込むと取りにくいし
このままじゃまた来年もこのブーツを忘れてしまいそう…
あーあ
荷物もティーバッグみたいにキレイに並んでたら楽だろうに…
TEA
ん？
それだ！
クローゼットの中の荷物もティーバッグみたいに並べて収納しちゃえばいいんだ！
ってことはこうすればものの陰で見づらい所はなくなるはず
部屋の光がクローゼットの中のものに当たると見やすい！
奥につめこむのではなく
横に並べて収納する
こうして私の〝光の当たるクローゼット作戦〟が始まりました
とりあえず不用品もたくさんつめ込んであったし
これを処分するのが先かな
おせんべもう食べられないかなぁ…
おせんべ
ブーツの箱やバッグも奥につめるんじゃなく
なるべくたてにして横に並べて
ちゃんと光が当たって見えやすいようにしてと
おら〜〜っ
ブーツ
パンプス
ぼうし
ぼうし

【第七話】

さがしやすくてそうじしやすい収納にしよう

〜クローゼット見直し編〜

おっ
横に並べた荷物の前にちょこっとよゆうができたけど
ここにはものを置かないようにしよっと
陰ができてしまうからね
そして数日後
工具箱工具箱
どした？
自転車のライトを付け替えようと思ってね
サッ
うむ！
あのものを捜すのが下手クソな夫でさえ今サッと工具箱を持っていった！
私の収納が下手なのかも知れないけど
これなら見やすくていちいち捜したりものを動かしたりしなくてもいいし
楽ちん3ステップ
取り出す
使う
しまう
使いたいのがすぐ見つかる！
しまうときも楽だから面倒なく片付けられそうだしね
しかもクローゼット内も普段のそうじのついでにササッとフロアワイパーをかければホコリ取れるし！
おお！いいことずくめ〜♪
こんなことがあってから
扉の中はものに光が当たる収納をすべし！
とキモに銘じた私なのでした

光が届かなくて見えづらいところは汚れやすいんです…
ベッドの下
クローゼットの奥の方
高いところにある収納の奥
引き出しの奥の方
奥は何が入ってるかわからない…
手前は整理できてるのに
ゴミ箱の底
冷蔵庫の奥
ギュウギュウにつめた本棚の奥
こういうところにいらないものがたまっていると汚れたり必要なものを収納する場所がない原因になっているかも
要チェック!!

第八話

「減らす＆すぐやる」で、腰が軽くなる

〜食器洗い変革編〜

むむむ
根本的に面倒くさがり虫をやっつける方法を考えなくちゃ
うずうず
何かいい方法ないかなぁ〜

前話までのあらすじ
なんとな〜く片付かないわが家も
ついで洗い＆ついでそうじ
で
顔を洗うついでに
洗面所も洗う
案外楽にキレイにできることがわかった私
その上
"フタを開ける"などのワンアクションをなくすことで
たとえば紅茶のフタなど
切り取ってしまう
作業や片付けも楽になることを発見！
——そして更に今回は…
ある金曜の夕方
キンコーンカンコーン
フンフ〜ン♪ 今夜のごはんは何にしようかな〜
おっ
お手頃サイズな鯛！
お値段もお手頃♥
らっしゃい！
いいでしょこれ！美味しいよ！
¥480
さっき見たお料理番組のアクアパッツァが美味しそうだったんだよなぁ
しかもいただき物の白ワインがあったはず…
作り方意外と簡単そうだったし…
よし！今日は時間もあるしちょっと頑張って"おされイタリアン"にしてみよう
じゃあこの鯛とアサリをくださーい
あいよっ
そして夜
おおっ!? どうしたの今日!!
なんか記念日だっけ？
ふふふ 安くていい鯛を見つけたのだよ〜
クルミとオレンジのサラダ
小鯛のアクアパッツァ
ほうれん草とベーコンのパスタ

【第八話】

「減らす&すぐやる」で、腰が軽くなる
～食器洗い変革編～

私ってときどき
おうちごはんを頑張って作りたくなる日があるんだよね
普段はあんなにいろんなことがめんどくさいのにね
は〜 やだもう〜
ダラダラ
気分が乗って集中することってあるよね
うまそ〜う
でもこんな風に夕飯を頑張って作った後にやって来るのは…
は〜 おなかいっぱい！
うっ
いつもより多めの洗い物
食べる直前まで調理に使った鍋や道具
飛び散ったウロコ
生ゴミ
今使い終わった皿たち
だはーーっ 面倒くさーっ
さっきまでのテンションはどこへ行ってしまったんだ…
うう
わぁ 安くていい鯛♡
がんばって作ったんだよーー！
おいしいねぇ
しかも…
こんなときのほほんとテレビ見てる夫ののん気さがうらめしい
あははは
じーーっ

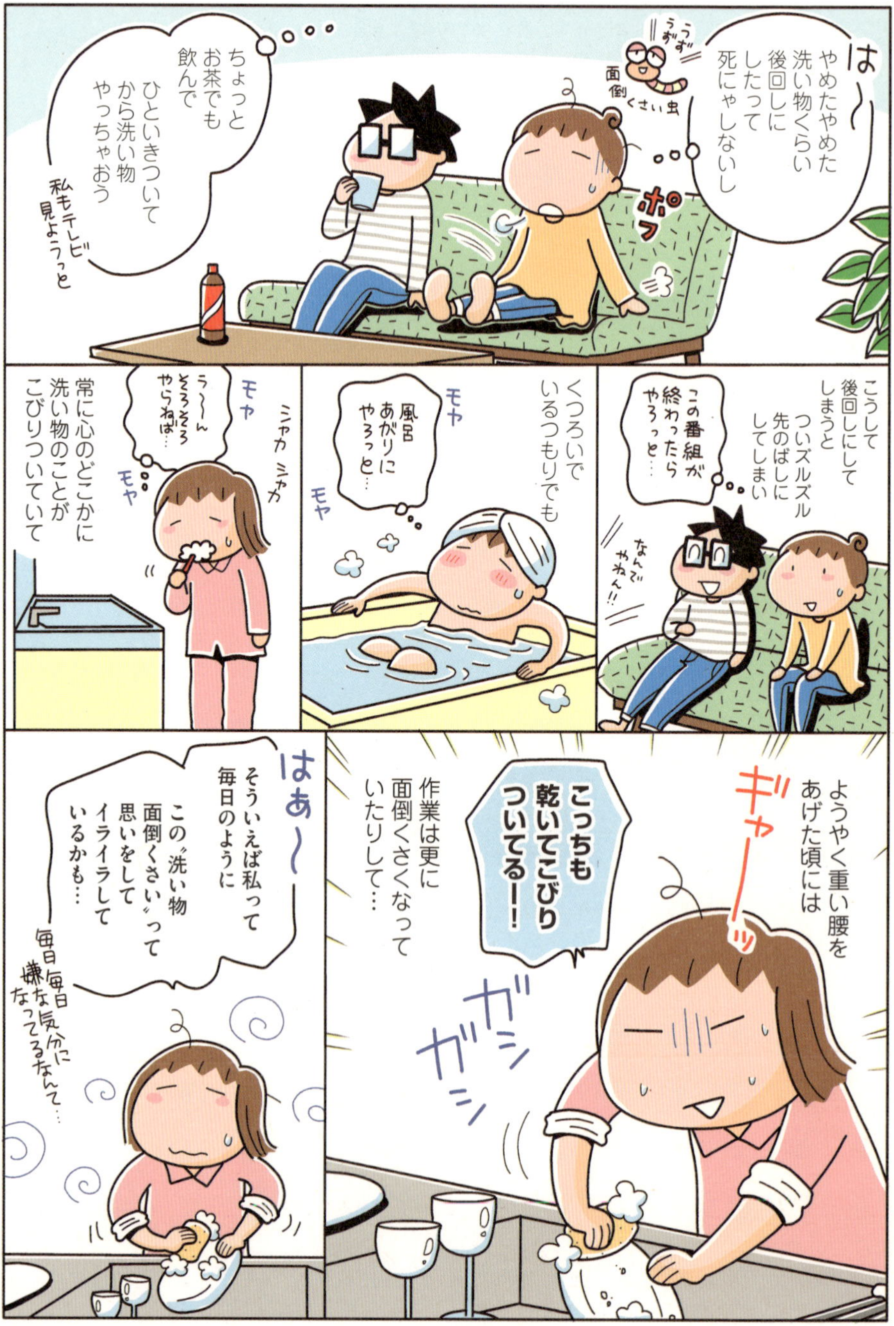
はー
やめたやめた洗い物くらい後回しにしたって死にゃしないし
うずうず
面倒くさい虫
ポフ
ちょっとお茶でも飲んでひといきついてから洗い物やっちゃおう
私もテレビ見ようっと
こうして後回しにしてしまうと ついズルズル先のばしにしてしまい
この番組が終わったらやろっと…
なんでやねん!!
くつろいでいるつもりでも
風呂あがりにやろっと…
モヤ
モヤ
常に心のどこかに洗い物のことがこびりついていて
う〜ん そろそろやらねば…
シャカ シャカ
モヤ
モヤ
ようやく重い腰をあげた頃には
ギャーーッ
こっちも乾いてこびりついてる!!
作業は更に面倒くさくなっていたりして…
ガシ
ガシ
はぁ〜
そういえば私って毎日のように この〝洗い物面倒くさい〟って思いをしてイライラしているかも…
毎日毎日嫌な気分になってるなんて…

【第八話】

「減らす&すぐやる」で、腰が軽くなる
～食器洗い変革編～

翌日
う〜ん…
やっぱり私にとって
洗い物面倒くさい問題
は
どうにかしなきゃいけない問題だなぁ
〝きちんと姉さんは洗い物を面倒くさいとは思わなそうだしね
テキパキ テキパキ
ゴシゴシ
そうだ!
思い切って食器洗い乾燥機買っちゃおうか!
スイッチひとつでお皿ピカピカ
ピ
自分ができないこと機械に頼るのもアリだと思うし
——いや待てよ! そういえばうちの母が最近食洗機をつけたけど使いこなせてなかったなぁ
洗い終わった皿を取り出してしまうのが面倒なのよね〜
もはや食器棚がわり
んもー
ズボラだなぁ
でも気持ちはちょっとわかる…
うちもあったらあったで何か別の悩みが生まれそうな気がする…
私も母と同じくらいズボラだから…
むむむ
根本的に面倒くさがり虫をやっつける方法を考えなくちゃ
うず うず
何かいい方法ないかなぁ〜
そして夕飯の時間
昨日とうって変わって食事は簡単なうどん
なんかいろいろ面倒くさくなっちゃって
ゴメンよ
ん?
別にうどん好きだからいいよ
んまそーっ
ネギときのこのかきたまうどん

料理ができない僕から見たら
うどんも十分大変そうだけどね
ズルッ
うどんは調理も作業も簡単なんだよ〜
つゆは市販のめんつゆだし
それに汚れ物が少ないから洗い物がラクだし…
手ぬきごはんにもってこいのメニューなんだよね〜
ん？
洗い物がラク？
そっか！
洗う物がたくさんあるとうんざりしちゃうから
使う皿を減らしてみるってのはどうだろう？
ピコーン！！
そしたら今までより洗い物がラクになるかも!!
その顔はまた何か思いついたんだね
そして食後
は〜
食べた食べた〜
やっぱりきのこがたっぷり入ってると満足感が違うなぁ
お〜い
もうすぐぽんの好きな番組が始まるよ
ピッ
は〜い
どんぶり2個くらいだし後でやってもいいよね
そうだそうだ後でやろう
―――…

【第八話】
「減らす&すぐやる」で、腰が軽くなる
〜食器洗い変革編〜

えーいっ
たった どんぶり 2個だ! やっちゃおう!!
ゴシゴシ
ジャーッ
ふ〜
そして心おきなく好きな番組を見るのだーー!
よくやった私!!
こうしてその日の私は
〝洗い物しなきゃ〟という心の中のモヤモヤを感じることなく
長風呂サイコー!
ゆっくりくつろぐことができたのでした
これならなんだかちょっとだけやれそうな気がする
★食事で使うお皿は少なくする
★「これくらいやっちゃおう」を口ぐせにする
とりあえずしばらくこれでやってみよう
ということで…
わが家の食事は盛りつけを少し変えることにしました
ブリ照り完成!
使った道具は食べる前にパパッと洗ってと
ゴシゴシ

いつもならおかずとごはんをそれぞれお皿に盛りつけていたけど
いつもは
6皿
ブリ照り
おしんこ
おひたし
だし巻き
ごはん
みそ汁
今日からしばらくはワンプレートごはんにして皿数を減らしてみよっと
これなら
2皿
ブリ照り
おひたし
だし巻き
ごはん
おしんこ
みそ汁
ちなみにワンプレートのときはごはんにゴマやきざみシソなどをのせると
あらふしぎオサレプレートに見えちゃう！
パラパラ
ふ〜ん
ワンプレートって簡単な洋食しかできないと思っていたけど
和食でもパスタでもカレーでもいけそう！
カレープレート
サラダ
半じゅく玉子
らっきょ
ライスの中央をへこませてカレーをそそぐ
パスタプレート
サラダ
ウィンナーソーセージ
ミートソーススパゲティ
ブロッコリーと人参・パプリカのソテー
いただきまーす
ときどき面倒には感じるけれど
えいっこれくらいやっちゃお！
なんとか洗い物をこなせるようになってきて
ゴシゴシ
1カ月ほど続ける頃にはなんとな〜く
食器は食事後すぐ洗う
が
身についてきたような気がします
何も考えず洗うようになった
私みたいな面倒くさがりでも自分に合った工夫とトレーニングをすれば
案外いろんなことができるようになるのかもしれない
ピカーーッ
キチンと姉さんになる日は近い!?と希望がわいてきた私なのでした

よーし！
このくらいなら今やっちゃおう！

後回ししちゃうと面倒になっちゃう
細かいあれこれは気合いを入れて
今やっちゃおう!!

ペットボトルのラベルをはがしてすすいで干す
今やっちゃおう
洗濯が終わった後糸くずネットにゴミがたまってた
今やっちゃおう
洗って並べておいた食器が乾いた
食器棚に戻さなきゃ
今やっちゃおう
あれ？ゴミ箱の底に何やらシミが…
液ダレしたかな？
洗った方がいいかな？
今やっちゃおう！
干してた服に目立つシワがあった
アイロンかけた方がいいかなぁ
今やっちゃおう

シャンプーがなくなってたんだっけ…
詰め替えなきゃ
今やっちゃおう
そういえばこの前たくさんじゃがいもを送ってくれた北海道の友人に何か贈り物したいなぁ
ネットでおすすめお菓子探してみようかな
今やっちゃおう
PCやスマホの中のデータたち
なんだかごちゃっとしてきたなぁ
片付けたい…
今やっちゃおう
差しっぱなしのプラグの上にうっすらホコリを発見
キケン!
今やっちゃおう
油でギトギトのフライパン
熱い今の内にぬぐっておいた方が後で洗うのがラクなんだけど
ちょっと面倒…
今やっちゃおう
後がラク!
今やっちゃえば
この天びんを思い浮かべて今やっちゃおう!

第九話

素直になったら、家族の足なみがそろってきた

～忙しくて部屋が荒れる時期編～

ただいま～
はっ
ごめんっ！仕事が終わってなくて夕飯の支度まだやってないや!!

ついで洗いや
ついでそうじ
そして自分に合った家事の工夫をしてみることで
少しずつキレイな部屋をキープできるようになってきた私ですが…
たまーに仕事が忙しくなると
ひぇ〜〜 明日の〆切間に合うだろうか
徹夜は嫌だなぁ
いつもはできていることができなくなってしまうことも…
洗たく物は乾いたけどたたんでない
ゴミはまとめたけど捨ててない
DM確認できてない
仕事中に出たゴミも処分してない
仕事で使った道具や資料がたまっていく
う〜
う〜
ただいま〜
はっ
ごめんっ！仕事が終わってなくて夕飯の支度まだやってないや!!
ふ〜 疲れた〜
もう少し後でも大丈夫だよ 先にお風呂入ってくるから
あ うん

【第九話】
素直になったら、家族の足なみがそろってきた
～忙しくて部屋が荒れる時期編～

はぁ…
〝後でいいよ〟かぁ
そうじゃなくてこういうときは
代わりにやっておくよ
って言ってくれると助かるんだけどなぁ
実は私夫に家事をお願いするのがなんとな～く苦手なのです
というのもわが家の役割分担はこんな風になっており…
夫
★忙しいサラリーマン
★通勤往復2時間弱
★水道・光熱費負担
私
★時間に余裕あるマンガ家
★ほぼ自宅にて仕事
★食費負担
家事する時間がない分
家賃を払うよ
じゃあ
ほとんど家にいるから家事をするよ
家賃を払ってる夫君に家事まで頼んじゃったら
ますます〝ダメ妻〟になっちゃうもんね
はっ！
夫君がお風呂に入ってる内にパパッとやっちゃおう！
パパッ
気持ちを切り替えて家事をやるものの…
家事は私の役割
分かってる
それは分かってるんだけれども…

は〜
いいお湯だった〜
ビール飲んじゃお♥
ホカホカ
ピカピカ
こういうときくらい手伝ってくれてもいいじゃないか―(泣)
この後徹夜
プルプル
すると
いけないと思いつつつい機嫌が悪くなる私
ブスーッ
手抜きの親子丼
ん?何?なんか怒ってんの?
は〜
この際言わせてもらうけど
あのさいつも思うんだけど部屋が散らかってるとき僕に当たるのやめてほしいんだけど
べっ別に当たってないし
当たってるよ!
完全にっ
手伝おうとすると怒るし手伝わなくても怒るし僕はどうすればいいわけ!?
どーもしなくていいし私が全部やるし
フン!
バッ
私がやるってば!!
プロローグ参照
ホラそれ!それが腹立つ!!
手伝ってほしいときはちゃんと言って!
言ってくれなきゃ分かんない!!
それに突然機嫌が悪くなられるのってホント嫌だ!
部屋がキレイになったとしても居心地が悪くなるよ!
ごめん…
仕事が大変だった上バタバタ家事をしたあげく叱られることになった人

【第九話】

素直になったら、家族の足なみがそろってきた

～忙しくて部屋が荒れる時期編～

その後反省した私は
大変なときは正直に夫に手伝ってくれるようお願いするようになりました
ピピーッ ピーッ
ごめん仕事中なので
あのう洗濯物乾いたみたいなんだけどぉ畳むの頼んでいい？
オッケー
もちろんイライラして当たることもなくなりました
そんなある日のこと
ただいま～
あら？それ何を買ってきたの？
遊びに来てたYちゃん
おじゃましてます
どうこれなかなか良いでしょ
じゃ～ん
現代作家の浮世絵を額装してもらったの
ほう
それはこれまでインテリアに興味がない夫にしては珍しい買い物でした
そうじしながら
ここに飾れる絵があってもいいなぁ
って思ってたら今日好みの絵を見つけたんだよね
おこづかいで買えるくらいの金額だったし
いいじゃない！
どうやら最近家事を手伝うようになったら以前より住まいに愛情がわいてきたようなのです
すると…
え～っ
ご主人がそうじするんですか？

スゴーイ
うちの夫は何もしない人だからうらやましい！
いいだんなさまですね!!
はっはっは
やっぱり家族は協力しないとね～
はっ
夫君がなんだかとっても
〝まんざらでもない顔〟してる!!
たまに手伝ってもらうだけなのに!!
だから最近ぽんちゃんちってこんなにキレイなんだ～
いいなぁ！ぽんちゃんいつも助かってるでしょ？
えーっ
うりうり
あっ うん そうだね
すごく助かるしありがたいよ
あっ小鼻が…
あれ？君たちコーヒーのお替わりはいるかい？
淹れてあげようか？
……
夫がこんなに〝ほめられると乗りやすい人〟だとは知らなかった…
コーヒーなんてほとんど淹れたことないのに…
あちっ
それに…
手伝ってもらったこと
今まできちんと〝ありがとう〟って言えてなかった気がする

【第九話】

素直になったら、家族の足なみがそろってきた
〜忙しくて部屋が荒れる時期編〜

忙しくて大変なとき自分だけで背負い込んでイライラして
イライラ
ムカムカ
ひどいときにはケンカになったりしたけど
正直にお願いすれば部屋もキレイにできるし
お互いに素直に感謝できれば家族みんな気分良くすごせるんだ
ニコニコ
ピカピカ
話すこと頼ること助けること感謝すること
もしかしたらわが家には
少しだけコミュニケーションが足らなかったのかもしれません
うんおいしい!
スゴーイ
コーヒー淹れるのもお上手なんですね!
いや〜
それほどでも
はっはっは
それからというもの
ただいま〜
おかえり〜洗濯物畳んでおいたよ
今日早く帰って来られたからさー
わが家はなんとなくいいテンポ
助かる〜ありがと
取材疲れた〜
そうじや片付けとともに
家族との足なみも
揃ってきたような気がします
じゃ〜ん
お返しにちょっとだけいいお肉にしてみた
やったー!
ちなみに後日Yちゃんと会ったら
あーゆーときはほめておくに限るのよ!
えっ
わざとだったの!?
うちの夫もほめられると頑張る人なの
魔性の女だ…

以前知人に
夫にはあまり
家事をやって
もらっていない
と話したら
えーっ
ダメよ！
ちゃんと
色々
やらせなきゃ！
同い年
と言われ
なんとなく
ムッとした
ことが
あります
その理由は
しばらくハッキリ
しなかったの
ですが…
そりゃあ確かに
夫もひととおり
家事ができた方が
何かと安心だけど…
もし私が
入院した
ときとか
何もでき
ないと
心配だし…
でも
多分私も夫も
やらせ
ないと！
ねっ
この部分に
ムッとしたん
だと思います
どこから
目線の
命令なんだ…
でもそのおかげで
家事分担の他にも
言い方って
大事だなぁ
と実感し
夫と話し合う
ことになり
ました
お互い気分が
悪くならない
言葉を選んで
話し合うって
大切だね
ある意味
感謝して
いるのでした

第十話

明日のために、ちょっとだけ頑張る

～何もかもが面倒な時期編～

あぁ…
お風呂 めんどい
頭洗うの めんどい
歯みがき めんどい…

ある土曜日
ぼ〜〜〜っ
あ もうすぐお昼の時間だけどどうする？
まだパジャマ着てるし
どこか食べに行く？
ん〜〜〜 面倒くさい 何かあるもので済まそう
むくり
え〜〜っ
〝甘栗むいちゃいました〟しかないけど お昼ごはんこれじゃダメ？
さすがに足りません
わしゃリスか
実はもう3日ほどこんな調子の私…
というのもここ数日
〝なぜか何もかもが面倒くさくなるウィーク〟に突入していたのです
うりゃ〜
大あばれのめんどくさい虫
はぁ
仕方ない
着替えて外出るか〜
久し振りにラーメン食べたいな〜
ホルモンの周期なのか
天気や気候のせいなのか
はたまた疲れやストレスか
ときどき訪れるこの症状 原因は分かっていませんが
ズルッ
むはー んまいっ
P

【第十話】
明日のために、ちょっとだけ頑張る
～何もかもが面倒な時期編～

とにかく あらゆることが 面倒になって しまい
ホカホカ
夕飯作る 気力ないから 夕飯用に お弁当買って 帰ろう
うん 別にいいよ
ああ… お風呂 めんどい 頭洗うの めんどい
歯みがき めんどい…
ああ～ スマホの 充電が 切れそうだけど 充電するの めんどい～ 寝よ～
んもう ほら！ 寝るなら ベッドで 寝なよ！
家族にも 迷惑をかける しまつ
バタッ
こんな 調子 なので
もちろん 仕事にも 影響が…
ぼー
集中 できない めんどい…
せっかく 最近キレイ だった部屋も 少しずつ 荒れそうな 気配
いつも できてた ことが できなく なってる
そろそろ ちゃんと やらなきゃ はぁ めんどい なぁ
だよね～
たまって きた洗たく物
なんとなく ホコリっぽい
のんだ後 出しっぱなしの コップ
読んだまま 放置のマンガ

そんなある日の夜
ただいま〜
ホイッ
ポストに入ってた
明日の朝
防火設備点検だって
ベランダに設置してある
避難はしごの点検
防火設備点検のお知らせ
○号室は9時からです
あ！
そうそう
そうだった
前にもチラシ入ってたっけ
これって確か業者さんが家の中に入ってくるんだよね
しかも結構朝早くに…
チラッ
ややっぱりキレイにしておいた方がいいよね
面倒だけどザッと片付けておこうかな
朝起きてやるの大変そうだし…
ようやく重い腰を上げて片付け＆そうじをすることに
そして翌日
異常なしです！
こちらにハンコをお願いします！
ご苦労様でした〜
無事 設備点検が終わると
朝パパッとフロアワイパーだけかけた
なんだか気分がスッキリして
さてと
そういえば遅れ気味の仕事があったんだっけ
今日はガッツリやっちゃお

【第十話】

明日のために、ちょっとだけ頑張る

～何もかもが面倒な時期編～

カリカリカリ
カリカリ
カリカリカリ
仕事の合間に家事
おいしょっと
ピーッ
ピーッ
んーーーっ
そろそろ夕飯の買物に行こうかな
久し振りにお鍋にしようかなぁ
ん？
ーーあれ？今日の私なんだかちゃんとしてる？
いつもの仕事や家事ができてる
気付けば〝面倒くさいウィーク〟から脱出していました
何がキッカケなんだ？
うーーん
うーーん
はっ！
もしかして
面倒だけどパパッと片付けておこう
面倒だけどササッとそうじしちゃおう
ゆうべのパパッと片付けと今朝のササッとそうじのおかげ…か？

どうやら"面倒くさいウィーク"とは
朝起きて部屋が散らかっていると
朝イチのそうじも面倒になり
それ以降の家事もどーでもよくなって
やらなきゃいけないことが増えて更に面倒くさくなる
そして一番最初に戻る
わっ
ぐちゃ…
あー もう片づけてからのそうじ面倒くさーい
もう何もする気がおきない
ぼー
何も考えたくない…
というサイクルにおちいっていたのかもしれません
だけど夜の内に使ったものを片付けておけば
朝
サササッ
夜
パパッと
朝フロアワイパーをかけるのもラクになるし
朝イチのワイパーがけが済んでると
なんだかスムーズに他の家事もできるし
カリカリ
カリカリ
片づけなきゃ
余計なこと考えなくていいから仕事にも集中できる気がする
なるほど〜
なんか分かる気がするなぁ
僕も朝仕事を始めるとき
はぁ〜
きのうの作業が残ってたんだった…
よし!
今日は何からやろう
やっぱり前日の作業が残ってない方が
気分もいいし仕事がはかどる気がするよ

【第十話】

明日のために、ちょっとだけ頑張る
～何もかもが面倒な時期編～

それってなんだか “テスト前 机の上を片付けてからでないと勉強できない” あの感じに似てるね
あー もう やだ～
ごちゃ…
あ! ホントだ
――と いうことで
ふぁぁ そろそろ寝ようかな
チラ
寝ちゃえ～
今日使ったものが出しっぱなしだった
でも眠いし面倒くさい…
えーいっ
明日のために片付けてから寝よう!
いっぱい散らかってから片付けるより今の3分片付けの方がマシだ!
ペチ ペチ
えいっと気合を入れ “寝る前のサッと片付け”をやってみることにしました
自分が使ったものは自分で片づける
夫君もよろしく
お、おう
パパッ
ひ～っ
すると
朝のそうじがスムーズになり
他の家事や仕事もやりやすくなったのでした
“気分が乗る”ってささいなことだけど 行動の第一歩を決める重要なことなのかもしれない
とはいえ マンガの仕事の進み具合はなかなか早くならない私です…
う～む

汚部屋に住んでいるとき
はぁ～
心が疲れているとそうじしたくなくなるみたい
と思っていました
ごちゃ…
というかむしろ
心が疲れているんだからそうじできなくても仕方ない
くらいに思うこともありました
でも私の場合逆に
部屋のそうじができていないから心が疲れてしまう
という状態の方が多かったのではないかと
今では思います
だって思い切ってそうじするとさっきまでの心の疲れがどっかいっちゃう感じがするし

第十一話

分割そうじで必要な時期にいい状態になる

～師走の大そうじ億劫問題編～

と
いうわけで今年の大そうじは手分けしてやりたいと思います！夫君もよろしくお願いします！
大そうじ宣言！

年末が近く
なってくると
嫌でも目に
飛び込んで
くるのが…
POINT 5
セナミドラッグ
大そうじ用品フェア！
大そうじ
かぁ…
そういえば
そんなシーズン
だなぁ
"大そうじ"
それは
ただでさえ
忙しい師走に
追い打ちを
かける
私にとって
1年で一番
おっくうな
行事
年賀状
忘年会
クリスマス
大そうじ
〆切
年末進行
ひ〜〜っ
ひ〜〜
大そうじって
毎年毎年
今週末は
やらなきゃ
さすがに
平日は
ムリだ〜
なんて思い
ながらもついつい
先のばしに
しちゃうん
だよねぇ
週末
イベント多い
カンパーイ
もしくは
平日の疲れで
ダラダラしがち
疲れ
た〜
そして結局
テキトーに
済ませるか
いつもの
そうじと
たいして
変わらない
まぁ
これで
いっか
フキ
フキ
正月三が日中に
どうにか片付け
るか
正月
なのに〜
開き直って
あきらめるか
あーもーいい
来年まとめて
やるっ
結局毎年
この3択な
気がする
今年こそは
なんとか
せねば

【第十一話】
分割そうじで必要な時期にいい状態になる
～師走の大そうじ億劫問題編～

ん？
でも最近は ついでそうじ＆パパッと片付けのおかげでそんなに汚くなってないし
夫君も何かと手伝ってくれるようになったから 大そうじも分担できるかも！
今年は何とかできそうだなぁ～
と いうわけで今年の大そうじは手分けしてやりたいと思います！ 夫君もよろしくお願いします！
大そうじ宣言！
……
は～い
ありゃ めちゃ嫌そう
もぐもぐ
そりゃそうか～ 今まで大そうじといえば夫君の私物スペースしかしてもらってなかったし
突然大変な作業が増えるのなんて 誰だって嬉しくないよなぁ
あ、あの～ 夫君にはそんなにいっぱいやってもらうつもりはないから気楽によろしく～
ん———っ 別にいいんだけどさー

ってか大そうじって何がなんでもイッキにしなきゃいけないの？
1年のしめくくりなのは分かるけど12月の一番忙しい時期にやらなきゃいけないのが大変だよねぇ
どうせ年に1度大そうじしなきゃいけないんなら毎月どこか1カ所をじっくりそうじしていけばいいだけだと思うんだけど
はぁ〜
!!
それだーっ！ナイスアイデア！
そ そうでしょ？
ホントはただ単にやりたくなくてボヤいただけ
ということでわが家の大そうじは今年から
× 年末家中をイッキにやる
のではなく
○ 毎月どこか1カ所を念入りにやるプチ大そうじ
にすることに
じゃあ毎月のプチ大そうじ予定表を作ってみようか
食後のコーヒー
とりあえず大そうじで必ずしなきゃいけないこと書き出してみるね
うん
カキ カキ

【第十一話】

分割そうじで必要な時期にいい状態になる

～師走の大そうじ億劫問題編～

うわっ 書き出して みるとやること たくさんあるね
見るだけで うんざり
キッチン ・ガス台こげ落とし ・レンジフードそうじ ・いらない皿の処分や棚の整理 ・シンクのくもり取り ・冷蔵庫などのそうじ
リビング ・床のワックスがけ ・本やCDの整理 ・エアコンそうじ ・棚などのほこり取り ・窓拭き
寝室 ・床のワックスがけ ・クローゼット整理 ・エアコンそうじ ・窓拭き ・布団クリーニング
仕事&プライベートゾーン ・書類整理 ・道具の整理 ・床のワックスがけ
玄関・ベランダ ・雑草などの処分 ・たたきやドアを洗う ・サッシやあみ戸のそうじ
トイレ ・黄ばみ落とし ・床みがき
風呂・洗面所 ・天井まで全部洗う ・洗面所のひき出し整理 ・カビ取り ・洗濯機まわりのそうじ
その他 PCの中のいらないデータなどの処分
たしかにこれを 全部12月中に やろうと思ったら 大変だなぁ
今までこれを ほとんど任せ ちゃってたんだね
じゃあ これを だいたい 12カ月に 割り振って
1カ月に 1日はプチ 大そうじする ってことに するんだね？
それくらいなら できそう！
うん さて どう 割り振ろう かな～
ん？ ちょっと 待てよ
そういえば 毎年6月くらいに クーラーを使い 始めるとき
あれ？ エアコン 久し振りに 使うけど 前そうじ したのいつ だっけ
ま、いっか 使っちゃえ
っていつも 思いながら スイッチ入れ るんだよね
だから エアコン そうじは
・冷房使う前の 5月頃と ・暖房使う前の 10月頃に
やった方が 気持ちが 良いと思う

なるほど～タイミングってあるよね
それならクローゼットのそうじも年2回の衣替えのときがいいんじゃない？
夏物
冬物
そうだね！そうしよう
ってことはだいたいこんな風に分けようか
カキカキ
ふむふむ
こうして
わが家の月イチプチ大そうじの予定表ができました！
わが家の月イチプチ大そうじ予定表
1月 トイレ・お風呂・洗面所
2月 キッチン
3月 リビング（エアコンのぞく）
4月 寝室（エアコン・クローゼットのぞく）
5月 エアコンそうじ 衣替えと同時にクローゼットの整理
6月 仕事部屋・玄関・ベランダ
7月 トイレ・お風呂・洗面所
8月 キッチン
9月 寝室（エアコン・クローゼットのぞく）
10月 エアコンそうじ 衣替えと同時にクローゼットの整理
11月 リビング（エアコンのぞく）
12月 仕事部屋・玄関・ベランダ
一度のそうじ量が少なくて楽そうなので1カ所につき年2回やることにしました
これならひとりでもできそう！
場所別に1日かけてじっくりそうじするといつもの大そうじよりもキレイになるかもね

【第十一話】
分割そうじで必要な時期にいい状態になる
～師走の大そうじ億劫問題編～

ついでに毎月何日にやるか決めちゃおうよ
そうだね
じゃあ毎月第1土曜日はどう？
もしその日何か別の用事ができたら翌週やるってことで
そんなこんなで…
わが家の年末は大そうじから解放され
忙しいながらも少しだけ時間や心に余裕ができました
年の瀬だからきちんと大そうじしなきゃと思ってたけど
自分達の生活に合うように変えてみても良いものなのかも
もしかしたらそんな風に〝自分達らしく変えていけること〟って
他にももっとあるのかもしれないなぁ
そして新年を迎えて
お正月ムードも落ち着いてきた第1土曜日
今日は月イチプチ大そうじの日です！
場所はトイレ・風呂洗面所
夫君はお風呂場をお願いします！
ラジャ
びしっ
よし！
念入りにやろう！
カビ・黄バミ取りの他普段やらない床のワックスがけも

ふ〜〜
次は洗面所！
洗濯機の裏や防水パンの上も！
普段はやらない洗剤ボトルの水ぶきも！
どう？お風呂終わった？
あとカビ取り剤を流したら終わり！
月イチプチ大そうじは予定通り
そして思ったよりも短時間で終わり
は〜〜っ
終わった〜〜!!
トイレ・洗面所お風呂だけの大そうじだけど
達成感あるね〜！
大の苦手でわずらわしかった〝大そうじ〟を克服することができたのでした
うん！これなら月イチで続けられそう！
そしてそれは
自分なりの工夫と方法で
これからもきっと色んな〝面倒くさい〟に打ち勝てる！
という自信となった気がしています
カンパーイ
いや〜おつかれおつかれ
今夜はビールが一段とうまいね
ちなみにこの〝おつかれ会〟も
わが家の恒例となりそうです
帰ったらキレイなお風呂で長湯だ！
極楽じゃ〜っ

月イチのプチ大そうじをすることにしたわが家ですが…
うんうん
ねぇねぇフリーランスの人って毎年健康診断どうしてるの？歯科検診は？
僕は会社のがあるけど
そういえば長いこと健康診断行ってない…
体のメンテナンスはおろそかだったことに気がつき…
年一度の健康診断と年2度の歯科検診を(歯石取り含む)することに決めました
住まいと体どちらも大切にしないと人生楽しくないもんね
病院苦手だけどがんばるっ!!
ゴクリ
ぐっ

エピローグ

あこがれだった
「自然と部屋がキレイ」生活になって…

半年後
その後 わが家は とくに散らかる こともなく
趣味の石けん作り
シャコシャコ
平穏に暮らしています
自分でも驚きなのが
きちんと片付けやそうじをしているのに
最近あんまりそうじしてないのに 部屋が汚くならないなんて不思議
なんて思うようになったこと
パパッと片付けやついでそうじが身につくと
片付けやそうじをしている実感が薄れてきて
今ではもう洗顔後に
洗面所も水洗いするのも無意識でやっちゃう
まるで何もしていないのに部屋が
片付いたりそうじできているという
ふふふ
もしかしたらわが家には
おそうじ妖精がいるのかもしれない!
なんちゃって
ぐおー
今の内だ!
ぽんが寝たぞ
なんともしあわせな状態になっていたのでした
そして
ピーッ
ピーッ

夫はすっかり洗濯物をたたむ係が身についたようで
ま、これくらいはね
スゴイ！夫君エライ！
ホント助かるわ〜
もちろんホメる(笑)
すすんでやってくれるようになりました
あ そうだ！ぽんちゃんにお願いしたいことがあったん
だった
来週の土曜学生時代の友達呼んで家呑みをしたいんだけどいいかなぁ？
その日確か予定なかったよね？
ぽんちゃんにつまみを作ってほしいんだけど…
うん いいよ〜
簡単なものしかできないけどね
もちろんわが家にお客さんが来るときも
以前みたいに焦らなくなりました
何人くらい来るの？
3人だよー
汚部屋の頃は絶対お客さんなんて入れられなかったし
汚部屋を脱出してからも気を付けないとうっすら散らかっていたから来客の前日にはバタバタそうじしなきゃいけなかったけど
人と会うならカフェや居酒屋の方がいいに決まってる…
もはやあきらめ
ごちゃ…
ゴシゴシ
バタバタ
ゴミ

今なら
いつ誰が
来ても
大丈夫だ！
子供の頃から
“片付けられない女”
だった私には
信じられない変化
なのでした
そして
飲み会の
日の朝
ふぁあぁ～
よく寝た～
ふぁあ
いつも通り
朝のそうじを
して
これで十分
お客さんを
むかえられるね
――でも
お客さんが
使うかもしれ
ない場所は
チェックして
ちょこっと
念入りに
そうじして
おこうかな
例えば
玄関
洗面所
トイレ
気持ちよく
使ってもらえる
ように！
あ！
そうだ！
トイレや
洗面所の
タオルは
ちょっといい
フカフカタオルに
してと
玄関には
花が咲いてる
鉢植えを置いて
おこうっと！
とっておきの
今治タオル
ベランダから
移動

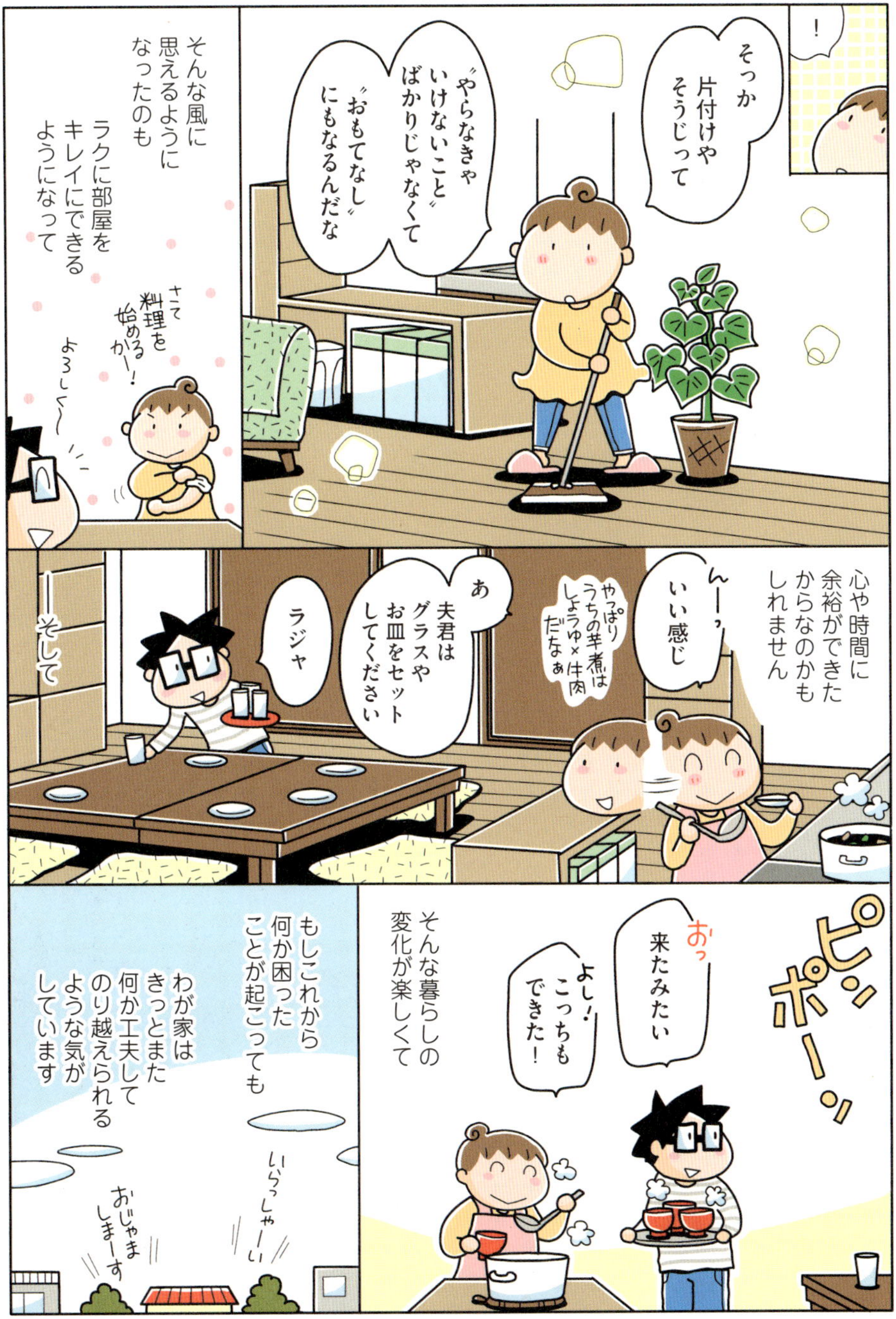
!
そっか 片付けや そうじって
“やらなきゃいけないこと”ばかりじゃなくて“おもてなし”にもなるんだな
そんな風に思えるようになったのも
ラクに部屋をキレイにできるようになって
さて料理を始めるかー!
よろしく〜
心や時間に余裕ができたからなのかもしれません
ん〜っ
いい感じ
やっぱりうちの芋煮はしょうゆ×牛肉だなぁ
あ
夫君はグラスやお皿をセットしてください
ラジャ
ーーそして
ピンポーン
おっ 来たみたい
よし! こっちもできた!
そんな暮らしの変化が楽しくて
もしこれから何か困ったことが起こっても
わが家はきっとまた何か工夫してのり越えられるような気がしています
いらっしゃーい
おじゃましまーす

後回し虫
めんどくさい虫とたたかうために

やってみたこと まとめ

その1

「三日坊主な私だけど、それでも実は
できることがある!」ということに気付こう!

ずっと自分のこと
三日坊主で何をしても続かない
と思ってた

でもよく考えてみたら
楽しいことラクなことなら続いているものもあった
大好きなおやつを食べること
茎わかめ梅味
ハマってる海外ドラマを観ること
気に入ってる時計を身につけること

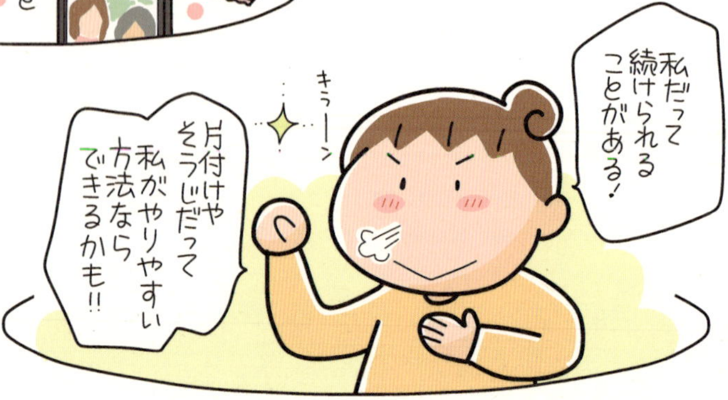
私だって続けられることがある!
キラーン
片付けやそうじだって私がやりやすい方法ならできるかも!!

その2
"私がやりやすい方法"を探そう!

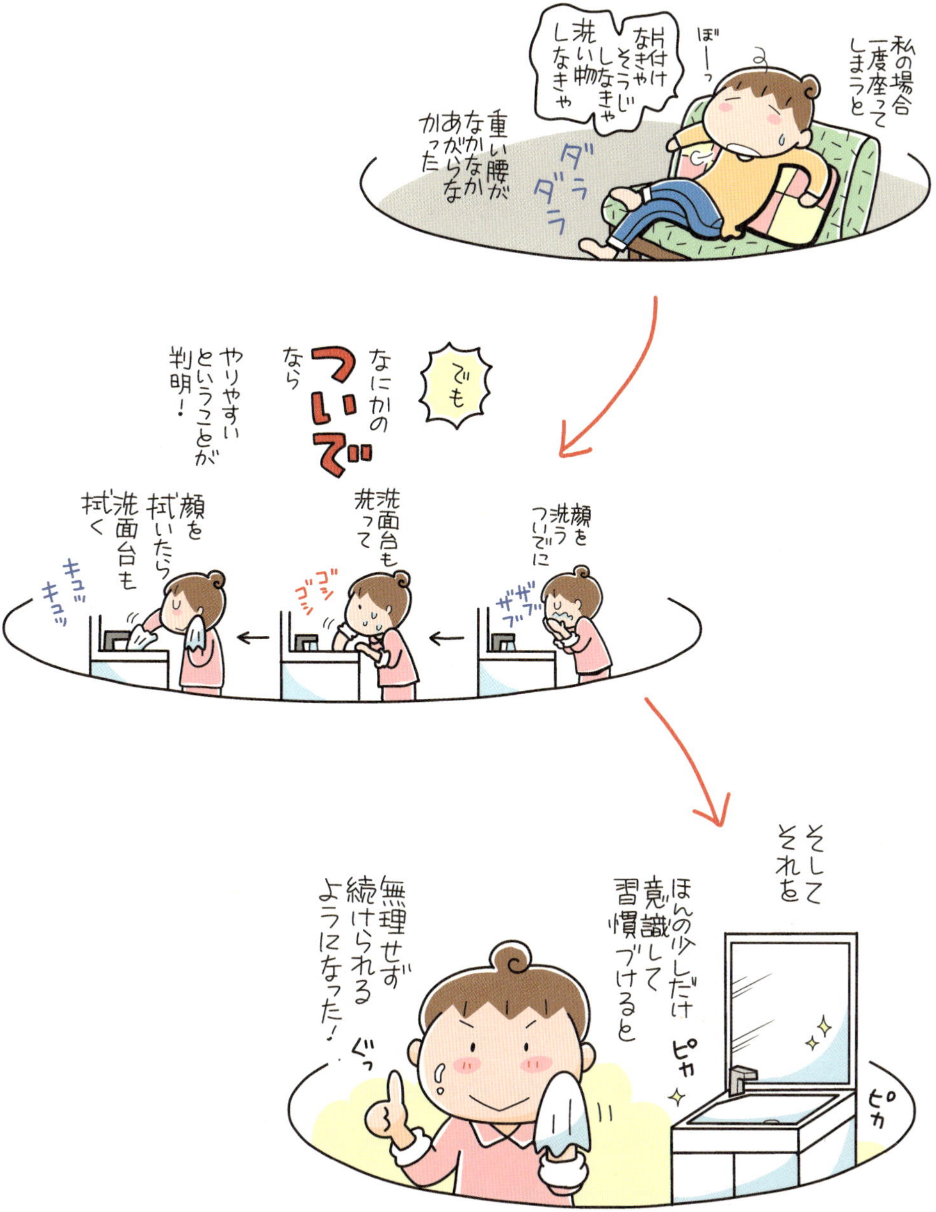
私の場合一度座ってしまうと
ぼーっ
片付けなきゃ
そうじしなきゃ
洗い物しなきゃ
ダラ
ダラ
重い腰がなかなかあがらなかった
でも
なにかの
ついで
なら
やりやすいということが判明!
顔を洗うついでに
ザブ
ザブ
洗面台も洗って
ゴシ
ゴシ
顔を拭いたら洗面台も拭く
キュッ
キュッ
そしてそれを
ほんの少しだけ意識して習慣づけると
ピカ
ピカ
無理せず続けられるようになった!
ぐっ

その3
ついで洗い・ついで片付けがしやすいおうちにしていこう!

えーいっ
どうせついでだ
これくらいやっちゃおう!
こう思えるよう工夫をしました

使う食器は少な目に
ワンプレートごはん

邪魔なフタはとってしまう!
ゴミ箱のフタ
シンクのゴミ受けのフタ
浴室の排水口のフタ
ゴミが見えると捨てやすい!

クローゼットは奥まで光が届き見えやすいように並べかえる

寝る前はかならず
使ったものをもとの場所に戻す
ゲーム機

その4

自分がどうしてもできないことは誰かに頼ってもよいのだ！

なんならもちろん休んでもいい！
その内また始めればいいだけなんだから
例えば…
家族
業者さん
専用の機械
食器洗い乾燥機
おそうじロボット

その5

月イチプチ大そうじで年末大そうじから卒業しよう！

イッキに大そうじしようと思うと億劫だけど
めんど
くさー
月イチのプチ大そうじだけならなんとかやれそう
きょうはトイレと浴室だけ！
ごほうびがあるならなおさら頑張れる
カンパーイ
これできっとわが家はもう散らからない！

汚部屋脱出の前作から3年後…
「ほっとする家」になりました！

現在暮らしている自宅がこちらです。ついで片付け&そうじで無理せずきれいをキープできるようになったわが家。必要なものや好きなものだけに囲まれて生活ができるよう購入するものを吟味したり、家族で話し合うようにしたりしています。

仕事場

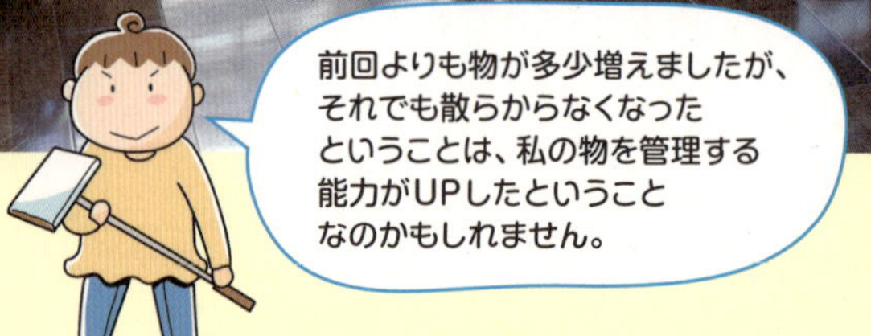
前回よりも物が多少増えましたが、
それでも散らからなくなった
ということは、私の物を管理する
能力がUPしたということ
なのかもしれません。

おそうじグッズ

出したままにして
おいてもかわいい、
そしてちょっと使って
みたくなるグッズを
選びました。

机の上に多肉植物

仕事の合間にぷっくり
した葉を眺めたり、息抜き
のときに水をやったり…
今の私にはなくては
ならない癒しです。

リビング

最近は季節感のある置物などを
飾るのがマイブーム。そのほかに飾って
いるのはすぐしまえるものばかり。
もしも何か急に物が増えたときのために
スペースを確保しておくと安心です。

カレンダー&浮世絵

カレンダーや夫が購入した
浮世絵のほか、旅先で
購入したものなど思い出の
品を飾っています。

キッチン

小さくてどこにでもすぐ手が届き
道具が充実！　私にとってまるで
飛行機の操縦席のような
キッチンなのです。

魚焼きグリル

物が取りやすい棚

シンク

フタを取ったり、ついで洗い
するようになってからまるで
自動的にキッチンが綺麗に
なっているような錯覚が！

浴室の棚

入浴剤や石けん、
ボディオイルなど
お気に入りを並べて。
つい並べすぎて
しまうので「見た目
かわいい程度」に
並べることを
心がけています。

浴室用ゴミ箱

排水口のフタなし

フタがないだけで抜け毛
そうじがこんなに楽ちんに
なるなんて!アヒルちゃん型
ブラシは汚れがひどいとき
に活躍中。

玄関の癒しスペース

部屋のきれいをキープ
できるようになると今まで
憧れだった素敵な雑貨を
飾ることやお香のある生活も
実現できました。

お香セット

あとがき

この度は この本を手にとって
くださってありがとうございます。

このところ本の出版は描きおろしが
多かった私にとって レタスクラブさんに
連載という形での執筆は かなり
久し振り。戸惑ったり 悩んだりすることも
ありましたが 多くのみなさんのお陰で
無事 描き終えることができました。

読んでくださった皆さん
応援してくださる皆さん
励ましてくれた友人、家族
そして いつも きめ細やかに
サポートしてくださる 担当 Sさん
ありがとうございました!!

わたなべぽん

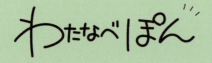

メディアファクトリーの
コミックエッセイ

面倒《めんどう》くさがりの自分《じぶん》を認《みと》めたら部屋《へや》がもっとキレイになりました

三日坊主《みっかぼうず》の後回《あとまわ》し虫退治《むしたいじ》術《じゅつ》

2018年2月16日　初版発行

著　者　わたなべぽん

発行者　川金 正法

発行　株式会社KADOKAWA
〒102-8177　東京都千代田区富士見2-13-3
電話　0570-002-301（ナビダイヤル）

印刷所　株式会社光邦

ISBN978-4-04-068728-5 C0077

本書は、「レタスクラブ」にて2017年5月号～2018年2月号に連載されたエピソードを修正し、大幅な描きおろしを加えたものです。

ブックデザイン　坂野弘美

撮　影　小田光二

10万部突破

ダイエットの
永遠の課題・
リバウンドも克服の
第二弾

**もっと! スリム美人の
生活習慣を真似したら
リバウンドしないで
さらに5キロ痩せました**

950円（税別）

もっと! スリム美人の
生活習慣を真似したら
リバウンド
しないで さらに
5キロ痩せました
わたなべぽん
シリーズ累計30万部!
なんと
95キロ→
59.8キロに!
人生が変わる!
実録ダイエット漫画 第2弾!
●すごい! 読んで興奮しました。
何てわくわくする
ダイエット本なんでしょう♥
(福岡県 30代女性)
●とても面白く、ダイエットの
モチベーションが上がりました!
早速真似しています。
(東京都 30代女性)
●4日で－3キロです!!
ほんさんと一緒に
歩んでいける…
そんな気持ちです。
(千葉県 50代女性)
感謝と成功の
お便りが続々!!
いいね!
メディアファクトリーのコミックエッセイ

むくり
Beer

5万部突破

初公開!
スリム美人の
生活習慣を
真似して痩せる
ノート術
わたなべぽん
1年半で35キロ痩せた秘密は
このノートにありました!
今日から使える
超カンタン
書き込み式
ノート付き
スリム美人を
とことん
観察メモ!
どこで服を
買っている?
「美容のために
続けてるもの」は
ぜひ聞こう!
なんと
95キロ→59.8キロに!
シリーズ累計30万部突破!
人生が変わる実録ダイエット漫画、最新刊
いいね!
メディアファクトリーのコミックエッセイ

スリ真似ダイエット
成功の秘訣は
ノートにあった!
書き込み式ノート付きの
第三弾

**初公開! スリム美人の
生活習慣を
真似して痩せる
ノート術**

1000円（税別）

ダメな自分を認めたら
部屋がキレイに
なりました
わたなべぽん
ホカホカ弁
ゴミ
MF comic essay
人生が変わる！
実録お片付けコミックエッセイ

大反響！
お片付けコミックエッセイ第1弾

今まで何度もそうじしたけど…

いつも3日くらいでリバウンドして汚部屋に元どおり
私のものばかり
なんでこうなっちゃうかな～
夫は私のすることに口は出さないが手も出さない
やがてすっかりあきらめモードに
部屋が汚くても他人に迷惑かけてるわけじゃないし
ズズッ
人を招かなきゃバレないしね
そんなある日
友人たちとカラオケに行った時のこと
カラオケ
わっ
この部屋ブラックライトなんだー！
白い服が光って見える
ホントだ～
ぽんちゃんたちそれどうしたの!?
え？何？
二人とも全身が光ってるよ――!?
ギャー！
なっなんじゃこりゃ～～～っ!!

全身ホコリがバレて一大決心!?

ダメな自分を認めたら
部屋がキレイになりました

定価 950 円＋税

何度トライしても部屋がまったくキレイにならない理由は「使ってないのに、持っているだけでなんとなく安心」なものがあふれているからだった…？

自分に向き合い、思い切って捨てることを続けていたら新しい人生が見えてきた！

汚部屋からここまでキレイに！

そっか
片付けや
そうじって